ФОТО
PICTURES
BILDER

ДМИТРИЙ ПЕЙСАХОВ
DMITRY B. PEISAKHOV

Редакция и вступление Eingeleitet und herausgegeben von Introduced and edited by
ЭРХАРД РОЙ ВИН **ERHARD ROY WIEHN**

ЕВРЕЙСКАЯ ЖИЗНЬ В КИЕВЕ

JÜDISCHES LEBEN IN KIEW

JEWISH LIFE IN KIEV

Hartung-Gorre Verlag Konstanz/Germany

1992

Die Deutsche Bibliothek – CIP – Einheitsaufnahme
Peisakhov, Dmitry B.:
Evrejskaja zizn' v Kieve: foto = Jüdisches Leben in Kiew/
Dmitry B. Peisakhov. Red i vstuplenie Erhard Roy Wiehn.
1. Aufl. — Konstanz: Hartung-Gorre, 1992
ISBN 3-89191-551-9
NE: Wiehn, Erhard Roy [Mitarb.]

© bei den Autoren
Erste Auflage 1992
Hartung-Gorre Verlag Konstanz/Germany
ISBN 3-89191-551-9

ЕВРЕЙСКАЯ ЖИЗНЬ В КИЕВЕ

Пятьдесят лет после Катастрофы
Вступление Эрхарда Роя Вина

Пятьдесят лет тому назад немцы уничтожили по всей Восточной Европе более чем тысячелетнюю еврейскую культуру.

Существует версия, что евреи, явившиеся из Византии, осели на территории современных Украины и южной России уже в конце VII — начале VIII столетия, и, вполне возможно, ранее, чем славянские племена. Ройбен Айнцштейн отмечает, что Киев основан отнюдь не славянами, а возник в IX столетии как хазарское укрепление и именовался "Самбата". Есть серьезные основания предполагать, что среди первых поселенцев были и евреи (см. R.Ainsztein, 1974). Очевидно, благодаря их влиянию, полагает Хейко Хауман, "хазарская знать в конце VIII столетия приняла иудейство". Когда же после 860 г. сформировалось первое русское государство "Киевская Русь" и киевский князь Святослав чуть позднее в 964—965 гг. разбил хазар, хазарские евреи остались в Киеве. Во времена раннего средневековья в этом христианском городе даже существовали "Еврейские ворота". Согласно Ройбену Айнцштейну, евреи являлись активно действующей силой в период расцвета Киева XI—XII веков. При варяжских правителях они принимали полноценное участие в политической жизни и сражались в 1240 году с татарами хана Батыя, защищая Киев и Чернигов (см. R.Ainsztein, 1974 и H.Haumann, 1990). В период господства татаро-монголов (1240—1320 гг.) евреи пользовались их покровительством, а после того, как Киев перешел к Литве, за ними были закреплены определенные имущественные и личные права (1362 год). При татарском набеге на Киев 1482 года часть киевских евреев была уведена в плен, а когда городу было даровано Магдебургское право (1494/1497 гг.), то евреев в 1495 году выслали, в 1503 году они смогли вернуться. В 1569 году попали под владычество Польши и с 1619 года могли находиться в городе, но только для торгово-экономической деятельности. Страшной резне подверглись евреи в 1648 году при казацком гетмане Богдане Хмельницком, а в 1667 году — тогда Киев уже оказался под властью Москвы — евреев снова лишили права проживать в Киеве. К концу XVIII столетия на Украине проживало приблизительно 260 тыс. евреев. Лишь в 1793 году была возрождена еврейская община в Киеве, и хотя еврейское население к 1815 году едва насчитывало 1500 человек, в городе действовали две синагоги и другие общинные учреждения. Евреям вновь было отказано в праве на жительство в 1827 году, но они покинули Киев только в 1835, и уже с 1843 года начали в него возвращаться.

В 1872 году в городе было 14000 евреев (11,8%). Гонения 1881 года обездолили сотни еврейских семей, однако к 1897 году в Киеве жили 31800 евреев (12,8%), а в следующем году была построена центральная синагога. В 1905, 1911, 1919 годах вновь вспыхивали ужасные погромы. Но еврейская жизнь в Киеве продолжалась, и в 1913 году здесь обитало более 81 тысячи евреев (около 13% городских жителей), среди них были бедные и богатые, рабочие, врачи, коммерсанты, деятели искусства, писатели, адвокаты.

Шолом-Алейхем (Рабинович) (1859—1916 гг.), один из классиков еврейской литературы, родился на Украине и с 1885 года жил в Киеве, который он увековечил на страницах многих своих повествований. В 1880 году из-за долгов он бежал из города, вернулся туда снова из Одессы в 1891 году, пережил в Киеве погром 1905 года, в 1906 году уехал в Америку. Позже снова возвратился в Европу и умер в 1916 году в Нью-Йорке.

Еще в первые годы существования Советского Союза Киев был центром современной еврейской культуры. В 1939 году в Киеве проживали около 175 тыс. евреев. Когда вспыхнула вторая мировая война, многие евреи пытались бежать в восточную часть

Союза. Как и везде в Европе, в Киеве существовали определенные антисемитские традиции, которые, конечно, оказались на руку агрессорам.

22 июня 1941 года немецкая армия напала на СССР. 19 сентября 1941 года за три дня до праздника Рош Гашон (который приходится на 1 и 2 число месяца тишри по еврейскому календарю), еврейского Нового Года, пала украинская столица Киев. Десять дней спустя, 29 и 30 сентября 1941 года (8 и 9 тишри), — это были последние покаянные дни из тех десяти дней покаяния, что соблюдаются перед главным еврейским праздником Иом Кипур, днем примирения — немецкие зондеркоманды расстреляли в Бабьем Яре 33771 человека — еврейских детей, женщин, мужчин. Немногим удалось, благодаря случайности, избежать этого ада. Бойня, жестокость которой почти невозможно себе представить, намного превзошла ту, которая была впоследствии в лагере Аушвитц-Биркенау. Массовые убийства в Бабьем Яре не были первым национал-социалистским преступлением против человечества, но они, видимо, были началом настоящего Голокоста, еврейского Шоа — поголовного истребления еврейского народа.

Нет полной ясности относительно общего числа убитых во время войны евреев на территории СССР. С учетом возможных ошибок полагают, что в общей сложности от нацистского террора и от преследований, проводившихся союзниками Гитлера, погибло более 2,2 млн. человек, то есть почти половина из 4,7 миллионов евреев, которые проживали на территории Советского Союза. На первую "волну" террора (лето 1941 — весна 1942 гг.), т.е. на время массовых расстрелов, приходится едва ли не треть погибших (порядка 700 тыс. человек), только на счету зондеркоманд примерно четвертая часть всех жертв, 500 тыс. человек (см. Hillgruber, 1991). Из Украины и из прилегающих областей до 30 июня 1944 года было вывезено в качестве "восточных рабочих" 2196166 человек, а со всех оккупированных территорий Советского Союза насильно отправили в "рейх" на каторжные работы 2,8 млн. гражданских лиц. До сегодняшнего дня вопрос возмещения ущерба относится к темным страницам немецкой послевоенной истории.

Так, урожденная Ида Блутрейх, скрывавшаяся под именем украинской крестьянки Екатерины Лещишиной, "восточной рабочей", так и не получив никакой компенсации, умерла в ночь на 19 января 1991 г. в Тель-Авиве (под именем Иды Лев) от разрыва сердца, когда в восьмистах метрах от ее дома рухнули остатки ракеты "Скад".

Оккупация Киева немецкими войсками длилась 779 дней, более двух лет. Когда 5 ноября 1943 года солдаты генерала Николая Ватутина освободили город, в нем было всего 180 тыс. жителей. "Четыре пятых киевлян погибли или были депортированы. Тысяча предприятий, 6 тыс. жилых домов, церкви, исторические постройки лежали в руинах" (см. F.Gancz, 1988/89). Вскоре после освобождения города тысячи евреев возвратились в Киев, где их не всегда встречали с распростертыми объятиями. Илья Эренбург в своем известном романе "Буря", законченном в 1947 году, описал массовые убийства киевских евреев. Но во время так называемой "кампании по борьбе с космополитами" 1948—1949 гг. официальные власти попытались стереть из памяти людей Бабий Яр, хотя в годовщину трагедии там ежегодно собирались люди, чтобы почтить память погибших.

По официальным данным в 1959 году в Киеве было 154 тыс. жителей-евреев (13,9%), из них 15% считали идиш своим родным языком. Сейчас в Киеве проживает чуть более 90 тыс. евреев.

В конце сентября 1966 года состоялось известное всему миру выступление русского писателя Виктора Некрасова и украинского писателя Ивана Дзюбы с протестом против молчания, окутывающего трагические события в Бабьем Яре, против намерения устроить на этом месте стадион. Они потребовали установить там памятник жертвам геноцида. Особый резонанс получило опубликованное 19 сентября 1961 года стихотворение Евгения Евтушенко "Бабий Яр". Дмитрий Шостакович положил его на музыку в своей тринадцатой симфонии, первое исполнение которой состоялось в декабре 1962 года. За стихотворение Евтушенко подвергся яростным нападкам, а 8 марта 1963 года его даже публично раскритиковал Никита Хрущев. В 1966 году Анатолий Кузнецов опубликовал свой документальный роман "Бабий Яр", основой для которого послужили, прежде всего, воспоминания Дины Мироновны Проничевой. В 1965 году состоялся конкурс на памятник в Бабьем Яре, однако представленные проекты, включавшие элементы еврейской символики как знак геноцида именно еврейского народа никак не устраивали руководство Советской Украины. В 1976 году был установлен официозный памятник всем жертвам Бабьего Яра (скульптор Михаил Лысенко, архитектор Анатолий Игнащенко). На памятнике ни слова не было написано о геноциде евреев, и только недавно, в 1989 году, была установлена памятная доска на идиш. Теперь, в сентябре 1991 года, на месте, где действительно происходили расстрелы, установлен впечатляющий памятник погибшим евреям — бронзовая менора.

Трудно подобрать слова, чтобы оценить всю значимость первого публичного, открытого поминания еврейских мучеников в 1991 году, включая посещение Бабьего Яра американским президентом Джорджем Бушем.

Поистине, разве не была богатой переменами историческая судьба евреев в прежнем СССР? Февральская революция принесла евреям равноправие, однако сразу за ленинским Октябрьским путчем последовали очередные погромы. Между 1917 и 1948 годами смогли увидеть свет многие произведения еврейской литературы на идиш, но немало евреев пали жертвами сталинских чисток тридцатых годов. Именно советские еврейские антифашистские комитеты после нападения вермахта в 1941 году взывали о помощи для Советского Союза во всем мире. В 1947 году Громыко ратовал в Нью-Йорке на заседании ООН за создание государства Израиль, борьбу за независимость которого решительно поддержали все коммунистические государства. Но почти одновременно началась одна из самых злобных антиеврейских кампаний в Советском Союзе и за его пределами, которая достигла своего апогея в 1952 году и жертвами которого стало 450 одних только писателей, артистов, музыкантов, художников и скульпторов, не говоря уже о врачах, политиках и многих представителях других профессий. Некоторые из них были реабилитированы лишь в 1988 году.

Таким образом, причина непрерывных волн еврейской эмиграции самых последних лет коренится в горьком опыте, замешанном на крови. К тому же во многих местах гласность и перестройка заново обнажили застарелую неприкрытую враждебность к евреям, предвещавшую, возможно, еще худшее. Всего несколько лет назад нужно было иметь много мужества, чтобы присутствовать на проводах своего еврейского друга. Между тем большое число эмигрировавших врачей, инженеров, деятелей искусства, учителей и ученых уже теперь представляет довольно ощутимую потерю для государств бывшего Советского Союза. Все же были и есть люди, среди них не только состоящие в так называемом смешанном браке которые едва ли помышляют об эмиграции. В конце концов, у многих за последние годы возникло новое самосознание, некоторые достигли высокого служебного положения, у многих вообще новые жизненные установки и надежды, среди прочего и на обновленную еврейскую жизнь в своей стране.

Три драматических дня в августе 1991 года далеко не в последнюю очередь повлияли особым образом на формирование свободолюбивого сознания у многих людей в СССР и за его пределами, которое и предопределило его окончательный распад. Это относится и к еврейскому самосознанию. Кому довелось увидеть динамичные картины тех дней, тот едва ли это забудет. В четвертую субботу августа 1991 года в Москве огромное траурное шествие провожало в последний путь трех юношей, которые погибли, будучи в первых рядах тех, кто встал на пути танков путчистов. Двое из них были впервые после "Октябрьской революции" похоронены государством по христианскому обряду. У смертного ложа третьего выводил еврейские мелодии скрипач, а гроб его был покрыт талесом, еврейским молитвенным покрывалом. На погребении присутствовали раввины, на мужчинах был традиционный головной убор — кипа. Можно предположить, что впервые, по крайней мере с 1948 года, на советских государственных похоронах произносили "Кадиш", еврейскую погребальную молитву. Погибший юноша был евреем. До начала траурной церемонии президент Горбачев объявил о присвоении посмертно всем троим звания "Героя Советского Союза", высшей награды страны. Время покажет, как все это повлияет на жизнь евреев в бывшем СССР, а также на еврейскую эмиграцию.

Сам путч поначалу вызвал шок у советских евреев, особенно у тех, кто хотел выехать. Они испугались, что это станет теперь невозможно. Растерялись также и те, кто намеревался остаться, страшно было, что могут возвратиться снова времена репрессий. В те волнующие дни мы с замиранием сердца следили за событиями в Союзе: люди в первый момент словно замерли, не понимая, что происходит, возникла угроза, что вновь явятся прежний страх, беспомощность и покорность, но пассивность вскоре сменилась гневом, нарастающей волей к сопротивлению, и так было не только в Москве.

Очень сильное впечатление произвело на меня первое посещение Киева. Воодушевление вызывала исполненная достоинства жизнь местной синагоги, само здание синагоги выглядит почти так же, как его некогда лаконично описала Леа Рош: "С первого взгляда кажется, что синагога очень хорошо выкрашена в желто-золотистый цвет, но если присмотреться, то заметно, что здание много раз перекрашивалось, во всяком случае синагога не пришла в полный упадок. В ней находились несколько стариков..." (L.Rosh и E.Jackel, 1990). Но там были не только старики. Прошлое современно настолько, насколько о нем знают. Шолом-Алейхем в конце прошлого столетия писал на идиш: "Господь Бог жив, а Егупец — это город..." — "Я в Егупце (тоже красивый город, мне бы такую жизнь!) [...]". Но писатель отмечал: "[...] в Егупце евреям жить нельзя, разве что "первогильдийцам" — и все же: "О самом городе и говорить нечего — картинка! А люди здешние — ну, прямо золото! [...] Здесь мужчины и женщины такие удивительно благородные и милые..." (Шолом-Алейхем, "Менахем-Мендл", собр. соч., т.4, М., 1973). В произведениях Шолом-Алейхема Киев — на украинском языке, кстати, Київ — называется Егупцем.

Что всплывает в памяти подле киевских Золотых ворот? Пьеса "Богатырские ворота" из фортепианной сюиты русского композитора Модеста Мусоргского (1839—1881).

Киев — ветвь цветущего каштана на городском гербе — прекрасен в первой зелени своих многочисленных аллей, но есть особое очарование в теплых сентябрьских днях ранней киевской осени. Золотом сияют широко раскинувшиеся парки и кажется, будто их золотое сияние отражается в зеленовато-золотых куполах киевских церквей и соборов, в чем можно легко убедиться, взглянув в послеполуденное время с нижней защитной стены монастыря "Печерская Лавра" на широкую сверкающую ленту Днепра.

Однажды вечером, поужинав, быть может, самой вкусной в нашей жизни фаршированной рыбой, мы проходили с друзьями, направляясь в гостиницу, через территорию стадиона киевского спортивного клуба "Динамо" и обратили внимание на необычный памятник киевским футболистам, расстрелянным в 1942 году немецкими оккупантами. Это тоже случилось в Бабьем Яре.

Бабий Яр не дает в Киеве забыть о себе, даже погода возвращает мысленно к нему. Ведь и тогда, в 1941 г., стояли, должно быть, прекрасные осенние дни, как это часто бывает здесь до и во время еврейского праздника "Суккот" (15—22 тишри по еврейскому календарю), праздника Кущей, который должен был начинаться через неделю после объявленного немцами "переселения".

В первый раз мы стояли у подножия памятника в Бабьем Яре в сентябре 1989 года. Ни один из наших последующих приездов в Киев не обходился без посещения этого хмурого монумента, хотя он по разным причинам воспринимается неоднозначно. Но и само это место по ряду причин создает противоречия в оценке монумента. Ужас Бабьего Яра навсегда останется символом преступлений немецких оккупантов, символом ни с чем не сравнимых жестокостей XX столетия, память о нем будет жива и тогда, когда так называемый немецкий "исторический спор" будет давно забыт.

Протекшие с тех пор 50 лет или 51 год совсем не случайный повод напомнить о том, что в Киеве и в других местах, в независимых республиках бывшего СССР, опять пульсирует еврейская жизнь. После немецкого геноцида против евреев и коммунистических преследований это представляется чудом. Началась новая жизнь еврейской общины, жизнь еврейских культурных обществ, в Киеве теперь даже два еврейских театра, которые обязательно нужно пригласить на гастроли в страны Запада. В Киеве можно осуществить разные формы помощи еврейской общине: например, пожертвования для издания книг, журналов, газет, гуманитарную помощь, приглашения для поездок за границу от общественных организаций и частных лиц.

Киев и вся Украина предоставляют широкие возможности для активных действий. Радует, что развивается партнерство между высшими учебными заведениями и между городами, как, скажем, между Киевом и Констанцем или Мюнхеном. Зимой 1990/91 годов в Германии была проведена кампания добросердечной гуманитарной помощи людям в СССР. Из Южной Германии такая помощь была направлена в Киев и в маленький городок Городня Черниговской области. Однако следует незамедлительно налаживать еще более обширные экономические связи. Уже довольно давно начался процесс культурного обмена, и осенью 1991 года прошла на Украине неделя немецкой культуры, в которой принял участие и университет Констанца. К слову, спустя пятьдесят лет после Бабьего Яра евреи из СССР эмигрируют и в Германию. Это должно быть оценено ответственными лицами в Германии как проявление доверия, если после всего происшедшего люди снова решаются на то, чтобы жить в Германии.

Словом, нужно видеть открывающиеся новые горизонты, а западному миру разумно и щедро оказывать помощь, как и где только возможно, и это надо делать не в последнюю очередь и в собственных интересах. Всякий другой путь может обойтись всем несравненно дороже, в том числе и евреям в новых государствах бывшего Советского Союза. Делается много хорошего: города Бад-Зекинген и Вер стремятся помогать, в городе Зинген создана активная группа друзей Украины, в Констанце евангельский пасторат взял на себя шефство над интернатом для сирот в Городне. Как было бы прекрасно, если бы все эти действия способствовали развитию устойчивых человеческих отношений.

Сегодня мы радуемся тому, как сказал я, выступая в университете Констанца 1 декабря 1991 года, что смогли устроить выставку фотографий, посвященных еврейской жизни в Киеве, и я счастлив, что эта выставка ныне стала фотоальбомом. Видимо, не случайно познакомились мы с господином Пейсаховым у старого памятника в Бабьем Яре, после этого мы увидели его фотоработы и решили, что они должны быть показаны возможно большему числу людей, что, к счастью, и произойдет, благодаря этому изданию.

Дмитрий Пейсахов родился в 1946 году в Киеве, в семье врачей, он женат, у него двое детей. Он изучал машиностроение в Киевском политехническом институте и до 1985 года работал инженером. Между тем Пейсахов в 1980 году окончил факультет фотографии Киевского общественного института журналистики. С 1985 года Дмитрий Пейсахов — профессиональный фотограф. Он участвовал в более чем тридцати фотовыставках, как у себя в стране, так и за рубежом, его работы неоднократно отмечались премиями. Нас радует, что он приехал именно с этой выставкой в университет Констанца в 1991 году, пятьдесят лет спустя после катастрофы Бабьего Яра, и что из ее материала был создан предлагаемый фотоальбом. Мы желаем, чтобы эти документы увидело как можно больше людей, а новой еврейской жизни в Киеве желаем дальнейшего расцвета и благополучия!

JÜDISCHES LEBEN IN KIEW

Fünfzig Jahre nach der Schoáh
Eine Einführung von Erhard Roy Wiehn

Vor rund fünfzig Jahren haben die Deutschen in ganz Osteuropa eine jüdische Kultur vernichtet, die teilweise weit über 1.000 Jahre alt war. Denn Juden dürften, von Byzanz kommend, bereits seit Ende des 7. bzw. Anfang des 8. Jahrhunderts in Südrußland und in der Ukraine ansässig gewesen sein, also vielleicht sogar noch vor den slawischen Stämmen. Kiew als 'Mutter aller russischen Städte' sei nicht durch Slawen gegründet worden, schreibt Reuben Ainsztein, sondern erscheine im 9. Jahrhundert als eine chazarische Befestigung unter dem Namen 'Sambata', und es gebe gute Gründe für die Annahme, daß unter den ersten damaligen Siedlern auch Juden gewesen seien (vgl. R. Ainsztein 1974).

Ihrem Einfluß war es Heiko Haumann zufolge wohl zu verdanken, "daß gegen Ende des 8. Jahrhunderts die Oberschicht der Chazaren zum Judentum übertrat". Auch als sich nach dem Jahre 860 die 'Kiewer Rus' als erstes russisches Staatswesen formiert und nachdem der Kiewer Fürst Svjatoslav 964/65 die Chazaren besiegt habe, seien Juden in Kiew verblieben; in der frühmittelalterlichen christlichen Stadt habe es sogar ein 'jüdisches Tor' gegeben. Die Juden sind nach Reuben Ainsztein in der Kiewer Blütezeit des 11. und 12. Jahrhunderts ein tatkräftiges Element gewesen; sie hätten unter den warägischen Herrschern am politischen Leben teilgenommen und 1240 gegen Khan Batus Tataren gekämpft, um Kiew und Tschernigov zu verteidigen (R. Ainsztein 1974; H. Haumann 1990).

Unter der Herrschaft der Tataren bzw. Mongolen (1240-1320) genossen die Juden Schutz, erhielten unter litauischer Herrschaft ab 1362 gewisse Lebens- und Eigentumsrechte, gerieten während des Tatareneinfalls 1482 teilweise in Gefangenschaft, wurden 1495 (unter Magdeburger Stadtrecht seit 1494/97) ausgewiesen, kehrten 1503 zurück, kamen 1569 unter polnische Herrschaft, konnten sich ab 1619 nur aus Geschäftsgründen in der Stadt aufhalten, mußten 1648 unter dem Kosakenhetman Bogdan Chmelnitzkij schwere Massaker erdulden, durften ab 1667 wiederum nicht mehr in der Stadt wohnen, als Kiew unter Moskauer Herrschaft gekommen war. Ende des 18. Jahrhunderts lebten rund 260.000 Juden in der Ukraine, erst 1793 wurde die jüdische Gemeinde in Kiew wiederbegründet, 1815 lebten etwa 1.500 Juden in der Stadt, es gab zwei Synagogen und andere Gemeindeeinrichtungen. Im Jahre 1827 wurde den Juden das Wohnrecht wieder einmal abgesprochen, aber erst 1835 verließen sie die Stadt und kamen schon ab 1843 zurück.

Im Jahre 1872 gab es bereits rund 14.000 (11,8%) Juden in der Stadt, die Verfolgung von 1881 ruinierte hunderte von Familien, 1897 lebten jedoch 31.800 (12,8%) Juden in Kiew, und 1898 wurde die zentrale Synagoge gebaut. In den Jahren 1905, 1911 und 1919 gab es abermals schwere Pogrome, ein russisches Wort, das gegen Ende des 19. Jahrhunderts in seinen heutigen Gebrauch gekommen war und 'Verwüstung' von Menschen und Sachen bedeutet. Doch das jüdische Leben in Kiew ging weiter, schon 1913 betrug die jüdische Bevölkerung mit über 81.000 Menschen 13% der städtischen Gesamtbevölkerung; es gab Arme und Reiche, Geschäftsleute, Rechtsanwälte, Ärzte, Künstler, Schriftsteller und Arbeiter.

Scholem Alejchem (Schalom Rabinowitz, 1859-1916), einer der Großen der jiddischen Literatur, wurde in der Ukraine geboren und lebte ab 1885 in der Stadt Kiew, die er in vielen seiner Geschichten verewigte; anno 1890 floh er bankrott aus der Stadt, kehrte 1891 über Odessa wieder zurück, erlebte den Pogrom von 1905, ging 1906 nach Amerika, kam später wieder nach Europa und starb 1916 in New York. - Noch während der ersten Jahre des Bestehens der Sowjetunion war Kiew ein Zentrum der jüdischen Kultur. Im Jahre 1939 lebten rund 175.000 Juden in Kiew, und nach Ausbruch des Zweiten Weltkrieges versuchten viele, in den Osten der Sowjetunion zu fliehen. Wie überall in Europa gab es aber auch hier eine alte judenfeindliche Tradition, die den deutschen Aggressoren gewiß gelegen kam.

Am 22. Juni 1941 begann der Überfall der Großdeutschen Wehrmacht auf die Sowjetunion; am 19. September 1941, drei Tage vor Rosch Haschana (1. u. 2. Tischri), dem jüdischen Neujahrsfest, fiel die ukrainische Hauptstadt Kiew. Zehn Tage später, am 29. und 30. September 1941 (8. u. 9. Tischri), in den letzten der zehn Bußtage vor Jom Kippur (10. Tischri), dem Versöhnungstag als höchstem jüdischen Feiertag, erschossen dann deutsche Sonderkommandos in Kiew-Babij-Jar 33.771 Menschen, jüdische Männer, Frauen und Kinder. Nur einige wenige konnten dem Inferno durch Zufall entkommen. Dieses Massaker von kaum vorstellbarer Grausamkeit wurde später nicht einmal in Auschwitz-Birkenau übertroffen. Der Massenmord von Babij Jar war zwar nicht der Anfang nationalsozialistischer Verbrechen gegen die Menschlichkeit, aber vielleicht doch der Beginn des eigentlichen Holocaust, der jüdischen Schoáh.

Über die Gesamtzahl der auf dem Territorium der Sowjetunion getöteten Juden ist keine volle Klarheit zu gewinnen: Unter Berücksichtigung verschiedener Fehlermöglichkeiten ist man zuletzt zum Ergebnis gekommen, "daß insgesamt über 2,2 Millionen, d.h. fast die Hälfte der 4,7 Millionen auf sowjetischem Territorium befindlichen Juden durch den NS-Terror und die von Hitlers Verbündeten entfesselten Verfolgungsmaßnahmen umgekommen" sind: "Auf die erste 'Welle' (Sommer 1941 bis Frühjahr 1942), d.h. die Zeit der Massenerschießungen, entfiel davon etwa ein Drittel (d.h. ca.

700.000), auf die 'Einsatzgruppen' selbst ein knappes Viertel, d.h. ca. 500.000." (Vgl. A. Hillgruber 1991)

Aus der Ukraine und den angrenzenden Gebieten wurden bis 30. Juni 1944 offiziell 2.196.166 Menschen als 'Ostarbeiterinnen' und 'Ostarbeiter' verbracht, aus den besetzten Teilen der Sowjetunion dürften insgesamt rund 2,8 Millionen Zivilisten als Zwangsarbeiter ins 'Reich' verschleppt worden sein. Die Entschädigungsverfahren gehören bis heute zu den dunklen Kapiteln der deutschen Nachkriegsgeschichte. Die als ukrainisches Bauernmädchen unter dem Namen Katarina Leszczyszyn, geb. Ida Blutreich, getarnte Fremdarbeiterin starb in der Nacht vom 18. zum 19. Januar 1991 in Tel Aviv als Ida Löw an Herzversagen, als 800 Meter von ihrer Wohnung entfernt die Reste einer Scud-Rakete einschlugen.

Kiew war 779 Tage, also mehr als zwei Jahre, von deutschen Truppen besetzt. Als die Soldaten des Generals Nikolai Watutin am 5. November 1943 die Stadt zurückeroberten, gab es dort nurmehr rund 180.000 Einwohner: "Vier Fünftel waren umgekommen oder deportiert worden. 1.000 Produktionsstätten und 6.000 Wohnhäuser, Kirchen und historische Bauten lagen in Trümmern." (Vgl. F. Gancz 1988/89) - Bald nach der Befreiung der Stadt kehrten tausende von Juden nach Kiew zurück, wo sie nicht immer mit offenen Armen aufgenommen wurden. Im Jahre 1947 beschrieb Ilja Ehrenburg in seinem Roman 'Sturm' den Massenmord an den Kiewer Juden. Aber während der sogenannten 'Antikosmopolitenkampagne' 1948/49 versuchte man offiziell, die Erinnerung an Babij Jar zu löschen, obgleich sich am Jahrestag des Massakers stets Menschen zum Gedenken versammelten. Im Jahre 1959 wurden in Kiew offiziell 154.000 (13,9%) jüdische Einwohner gezählt, etwa 15% gaben Jiddisch als ihre Muttersprache an.

Im Oktober 1959 protestierte Viktor Nekrassov gegen das Schweigen, für ein Mahnmal und gegen ein Sportstadion auf dem Gelände von Babij Jar. Besondere Aufmerksamkeit erregte das am 19. September 1961 veröffentlichte Gedicht 'Babij Jar' von Jewgenij Jewtuschenko. Dmitrij Schostakowitsch hat dieses Gedicht im Adagio seiner 13. Symphonie vertont, die im Dezember 1962 erstmals aufgeführt wurde. Jewtuschenko wurde heftig angegriffen und am 8. März 1963 sogar von Nikita Chruschtschow öffentlich kritisiert. 1966 veröffentlichte Anatolij Kuznezow seinen Dokumentarroman 'Babij Jar', vor allem unter Verwendung der Aussagen von Dina Mironowna Pronitchewa.

Später gab es eine Art Wettbewerb für ein Babij-Jar-Mahnmal, das schließlich im Jahre 1976 nach einem Entwurf von Michail Lissenko von dem Architekten Anatolij Ignatschenko errichtet werden durfte. Doch keine Inschrift erinnerte an das jüdische Martyrium, und erst zur Zeit der Perestroika wurde eine Gedenktafel in jiddischer Sprache angebracht. Seit September 1991 gibt es nun ein jüdisches Mahnmal am richtigen Ort in Form einer eindrucksvollen bronzenen Menorah. Das überhaupt erste öffentliche Gedenken im Jahre 1991, einschließlich des Besuchs des amerikanischen Präsidenten George Bush, kann in seiner Bedeutung gewiß nicht hoch genug eingeschätzt werden.

Denn die jüdische Geschichte der alten Sowjetunion war wahrlich wechselhaft genug. So hatte die Februarrevolution von 1917 den Juden die Gleichberechtigung gebracht, doch gleich nach dem Oktoberputsch Lenins folgten die nächsten Pogrome. Zwischen 1917 und 1948 konnten noch zahllose Schriften in jiddischer Sprache erscheinen, aber den Stalinschen 'Säuberungen' der dreißiger Jahre fielen nicht wenige Juden zum Opfer. 'Sowjetische jüdische antifaschistische Komitees' durften zwar nach dem Überfall der deutschen Wehrmacht 1941 in aller Welt um Hilfe für die Sowjetunion bitten; im Jahre 1947 trat Gromyko vor der UNO in New York zwar vehement für die Gründung des Staates Israel ein, der von kommunistischen Staaten im Unabhängigkeitskrieg dann auch tatkräftig unterstützt wurde. Doch beinahe gleichzeitig begann eine der schlimmsten judenfeindlichen Kampagnen in der Sowjetunion und darüber hinaus, die um 1952 ihren Höhepunkt erreichte und der allein etwa 450 Schriftsteller, Schauspieler, Musiker, Maler und Bildhauer zum Opfer fielen, von Ärzten, Politikern und ungezählten anderen ganz zu schweigen. Einige wurden erst 1988 rehabilitiert.

Die anhaltenden jüdischen Auswanderungswellen der allerletzten Jahre hatten also ihren blutigen Erfahrungshintergrund. Zudem ließen Glasnost und Perestroika vielerorts eine neue alte ordinäre Judenfeindschaft zutage treten, die womöglich Schlimmeres verhieß. Noch vor wenigen Jahren gehörte viel Mut dazu, sich etwa auf der Abschiedsparty eines jüdischen Freundes auch nur sehen zu lassen. Die große Zahl emigrierter Ärzte, Ingenieure, Künstler, Lehrer und Wissenschaftler bedeutet indessen schon jetzt einen äußerst herben Verlust für die Länder der ehemaligen Sowjetunion. Dennoch gab und gibt es viele, die wohl kaum an Auswanderung denken mochten, nicht nur Menschen in sogenannten Mischehen. Schließlich haben viele in diesen Jahren ein neues Selbstbewußtsein entwickelt, führende Stellungen erreicht und behauptet und durchaus auf neue Lebenschancen gehofft, auch auf ein neues jüdisches Leben in ihrem Land.

Nicht zuletzt haben drei dramatische Tage im August 1991 das neue, freiheitliche Bewußtsein vieler Menschen in der gerade dadurch weiter auseinandergebrochenen Sowjetunion in besonderer Weise geprägt, auch das jüdische Selbstbewußtsein, und vielleicht nicht einmal nur dort. Wer die bewegenden Bilder gesehen hat, wird sie kaum mehr vergessen. Am vierten Samstag im August 1991 wurden von einer riesigen Trauergemeinde in Moskau drei junge Männer zu Grabe getragen, die in einer der vorangegangenen Schreckensnächte ihr Leben im Kampf gegen die Panzer der Putschisten verloren hatten. Zwei von ihnen erhielten erstmals seit der 'Oktoberrevolution' eine Art christliches Staatsbegräbnis.

Dem dritten spielte ein Fiedler zum Abschied jiddische Weisen, sein Sarg war mit einem Tallit, dem jüdischen Gebetsmantel bedeckt. Rabbiner waren zugegen, Männer trugen öffentlich die Kippa, die traditionelle jüdische Kopfbedeckung. Vermutlich erstmals seit wenigstens 1948, wenn nicht gar überhaupt, wurde bei einem sowjetischen Staatsbegräbnis 'Kaddisch', das jüdische Totengebet gesprochen. Der tote junge Mann war Jude. Staatspräsident Gorbatschow hatte zuvor alle drei zu 'Helden der Sowjetunion' erklärt, ihnen also posthum die höchste Auszeichnung des Landes zuteil werden lassen. Man wird sehen, welchen Einfluß dies alles auf das jüdische Leben in den neuen Ländern der alten Sowjetunion und auch auf die jüdische Auswanderung haben wird.

Denn der Putsch selbst war zunächst ein Schock gerade für die sowjetischen Juden, und zwar sowohl für diejenigen, die auswandern wollten, weil sie sofort fürchten mußten, daß ihnen dies nicht mehr möglich sein könnte, als auch für diejenigen, die bleiben wollten, weil sie bangten, daß vielleicht schon wieder eine Zeit der Repression bevorstand. Vor Ort konnte man in diesen dramatischen Tagen miterleben, wie alte Angst, Ratlosigkeit und Resignation zurückzukehren drohten, die aber alsbald in Zorn und in den Willen zum Widerstand umzuschlagen begannen, und das nicht nur in Moskau.

Denkwürdig bleiben persönlich jedenfalls die starke Faszination des ersten Besuchs in Kiew und die Freude über die stolze Existenz der dortigen Synagoge, die ungefähr so aussicht, wie Lea Rosh sie eher lakonisch beschrieb: "Die Synagoge ist goldgelb angestrichen, wirkt auf den ersten Blick ganz schön. Genau besehen, ist sie mehrfach überstrichen, aber jedenfalls nicht ganz verkommen. Ein paar alte Männer sind da. ..." (L. Rosh u. E. Jäckel 1990). Und nicht nur sie. - Auch Vergangenheit ist gegenwärtig, soweit man von ihr weiß: Scholem Alejchem hat gegen Ende des letzten Jahrhunderts auf jiddisch geschrieben: "Noch lebt Gott und noch steht Jehupez." - "Ich bin ... in Jehupez (auch eine sehr schöne Stadt, so wahr ich lebe!)", aber: "Jehupez ist eine Stadt, in der Juden nicht wohnen dürfen, außer sie sind privigeldiert"; doch "... die

Stadt – da gibt es nicht viel zu reden – ist ein Schmuckkästchen und die Leute hier – Gold und Silber! ... Die Leute sind hier alle wunderbar vornehm und fein, die Männer ebenso wie die Frauen..." (Scholem Alejchem 1970). – 'Jehupez' war und ist Kiew, das ukrainisch 'Kiejiv' heißt.

'Bilder einer Ausstellung' nach Modest Mussorgski (1839-1881) mit dem 'Großen Tor'? – Kiew, die Kastanienblüte im Stadtwappen, schön im ersten Grün seiner vielen Baumalleen, ist an warmen spätsommerlichen Septembertagen besonders charmant, und der goldene Schimmer seiner ausgedehnten Parkanlagen scheint sich in den grün-goldenen Kuppeln seiner Kirchen und Kathedralen konzentriert widerzuspiegeln, wovon man sich etwa des Nachmittags durch einen Blick von der unteren Umfriedungsmauer des 'Höhlenklosters' auf das breite gleißende Band des Dnjepr leicht überzeugen kann. – Eines Abends, nachdem wir den vielleicht besten 'gefillte Fisch' unseres Lebens gegessen hatten, begleiteten uns Freunde durch die großflächigen Sportanlagen des Clubs 'Dynamo Kiew' in Richtung unseres Hotels, und unterwegs bekamen wir dann, kontrastreich genug, auch das steinerne Denkmal für die in der NS-Zeit erschossenen Fußballspieler zu sehen.

Babij Jar bleibt in Kiew stets gegenwärtig, und selbst das Wetter kann daran erinnern. Auch seinerzeit sollen es schöne Septembertage gewesen sein, wie häufig vor und während Sukkot (15.-22. Tischri), dem Laubhüttenfest, das damals eine Woche nach der 'Bekanntmachung' einer 'Umsiedlungsaktion' begann. – Im September 1989 standen wir erstmals am Mahnmal für Babij Jar, und bei keinem der folgenden Kiew-Aufenthalte durfte ein Besuch dieses düsteren Monumentes fehlen, obwohl es aus mancherlei Gründen durchaus umstritten war. Doch dieser Ort hat es in vieler Hinsicht in sich. Die Schoáh von Babij Jar wird ein Symbol für die Verbrechen der deutschen Besatzer wie für einmalige Unmenschlichkeiten im 20. Jahrhundert bleiben, und zwar auch dann noch, wenn der sogenannte deutsche 'Historikerstreit' einmal längst vergessen ist.

Rund fünfzig Jahre danach ist eine nicht ganz zufällige Gelegenheit, öffentlich daran zu erinnern, daß es wieder ein jüdisches Leben in Kiew und andernorts in den neuen Republiken der ehemaligen Sowjetunion gibt, nach den Massakern der Deutschen und den Verfolgungen durch die Kommunisten ein Wunder an sich: Es gibt ein neues Gemeindeleben, Gesellschaften für jüdische Kultur und in Kiew neuerdings sogar schon zwei jiddische Theater, die unbedingt auch einmal im Westen spielen müßten. In Kiew selbst gibt es übrigens genug zu helfen: Bücher-, Zeitschriften- und Zeitungsspenden zum Beispiel, humanitäre Hilfe, öffentliche und private Einladungen.

Für engagiertes Handeln bieten Kiew und die gesamte Ukraine heute viele Möglichkeiten, und erfreulicherweise entwickeln sich Hochschul- und Städtepartnerschaften wie beispielsweise zwischen Kiew und Konstanz bzw. München. Ein gewisser Kulturaustausch hat seit längerer Zeit schon begonnen, und im Herbst 1991 fand eine erste deutsche Kulturwoche in der Ukraine statt, an der sich auch die Universität Konstanz beteiligen durfte. - Im Winter 1990/91 und im Frühjahr 1992 gab es bemerkenswerte humanitäre deutsche Hilfsaktionen für die Menschen in den neuen Ländern der früheren Sowjetunion, aus Süddeutschland auch für Kiew und die benachbarten Orte Butscha und Borodjanka, für Gorodnja im Bezirk Tschernigov sowie für Kobeljaki bei Poltawa. Es gibt viel Interesse und guten Willen in Deutschland, und in den südwestdeutschen Städten Konstanz, Radolfzell, Singen, Bad Säckingen und Wehr beispielsweise sind etliche Institutionen und viele Menschen hilfsbereit engagiert. Es wäre schön, wenn sich aus all diesen Aktivitäten dauerhafte zwischenmenschliche Beziehungen entwickeln würden.

Wirtschaftsbeziehungen größeren Umfangs müßten freilich dringend erst noch angebahnt werden. Alles in allem sollte man die neuen großen Chancen sehen und von seiten der westlichen Welt klugerweise großzügig helfen, wie und wo man nur kann, und zwar nicht zuletzt im eigenen Interesse. Alles andere könnte unvergleichlich viel teurer zu stehen kommen, auch für die Juden in den neuen Staaten der alten Sowjetunion selbst. Fünfzig Jahre nach Babij Jar gibt es übrigens auch eine gewisse jüdische Auswanderung nach Deutschland, die von allen Verantwortlichen als beachtlicher Vertrauensbeweis entsprechend tatkräftig gewürdigt werden sollte, wenn Menschen sich nach allem jetzt wieder entschließen können, in Deutschland leben zu wollen.

Heute freuen wir uns freilich darüber, so sagte ich am 1. Dezember 1991 in der Universität Konstanz, hier eine Ausstellung mit Dmitrij Peisakhovs Bildern über 'Jüdisches Leben in Kiew' eröffnen zu können. Vielleicht nicht ganz zufällig hatten wir ihn am alten Denkmal für Babij Jar kennengelernt, bald darauf seine Fotografien gesehen, und wir fanden, daß diese unbedingt einem größeren Publikum gezeigt werden sollten, was also erfreulicherweise hiermit einmal mehr geschieht.

Dmitrij Peisakhov wurde 1946 in Kiew als Sohn einer Arztfamilie geboren, ist verheiratet und hat zwei Söhne. Am Kiewer Polytechnischen Institut studierte er zunächst Maschinenbau und war bis 1985 als Ingenieur tätig, nachdem er 1980 auch ein Studium in der Abteilung für Fotografie des Kiewer Instituts für Journalistik abgeschlossen hatte. Seit 1985 arbeitet er als freiberuflicher Fotograf, hat sich seither an fast zwanzig Ausstellungen innerhalb wie außerhalb seines Landes beteiligt und wurde mit verschiedenen Preisen ausgezeichnet. Wir freuen uns sehr, daß Dmitrij Peisakhov im Jahre 1991, fünfzig Jahre nach 'Babij Jar', gerade mit dem Thema 'Jüdisches Leben in Kiew' in die Galerie der Universität Konstanz kam und aus den Bildern dieser Ausstellung der vorliegende Bildband entstand. Wir wünschen der Fotodokumentation und dem jüdischen Leben in Kiew viel Glück und Erfolg.

Ausgewählte Literatur

R. Ainsztein, Jewish Resistance in Nazi-occupied Eastern Europe - with a historical survey of the Jew as fighter and soldier in the Diaspora. London 1974.

F. Gancz, Polyglott-Reiseführer Sowjetunion. (1971) München, 13. Auflage 1988/89.

H. Haumann, Geschichte der Ostjuden. München 1990.

A. Hillgruber, "Der Ostkrieg und die Judenvernichtung." In: G.R. Ueberschär u. W. Wette (Hg.), 'Unternehmen Barbarossa' - Der deutsche Überfall auf die Sowjetunion 1941. Frankfurt 1991, S. 185-205.

L. Rosh u. E. Jäckel, 'Der Tod ist ein Meister in Deutschland.' - Deportation und Ermordung der Juden, Kollaboration und Verweigerung in Europa. Hamburg 1990.

Scholem Alejchem, Menachem Mendel. Frankfurt 1970.

E.R. Wiehn, Die Schoáh von Babij Jar - Das Massaker deutscher Sonderkommandos an der jüdischen Bevölkerung von Kiew 1941 fünfzig Jahre danach zum Gedenken. Konstanz 1991.

E.R. Wiehn, Schriften zur Schoáh und Judaica. Konstanz 1992.

(Word-processing Heide Fehringer und Henning Frank, Universität Konstanz)

JEWISH LIFE IN KIEV

Fifty years after the Shoáh
An introduction by Erhard Roy Wiehn

About fifty years ago the Germans destroyed the Jewish culture in all of Eastern Europe which was in part more than 1000 years old. It is believed that the Jews came from Byzantium, settling in the Ukraine and Southern Russia, around the end of the 7th or beginning of the 8th century, potentially even before the Slavic tribes. Kiev as 'Mother of all Russian cities' was perhaps not founded by Slavs originally, writes Reuben Ainsztein, instead it appears in the 9th century as a Khazarian fortress with the name 'Sambata'. There are good grounds for the assumption that among the first settlers were also Jews (R. Ainsztein 1974).

It was due to their influence, according to Heiko Haumann, "that toward the end of the 8th century, the upper class of the Khazars converted to Judaism" [trans. mine]. In 860, when the 'Kievan Rus' was formed as the first russian state and the Kiev Prince Svyatoslav defeated the Khazars in 964/65, Khazarian Jews remained in Kiev. In the early medieval Christian city there perhaps even existed a 'Jewish Gate'. According to Reuben Ainsztein, the Jews were an energetic element during the flourishing periods of Kiev in the 11th and 12th century. They took part in political life under the Varangian governors and defended Kiev and Czernigov in battles against the Tatars of Baty-Khan in 1240 (R. Ainsztein 1974; H. Haumann 1990).

The Jews enjoyed the protection given under Tatar-Mongol rule (1240-1320), and under Lithuanian rule, they received from 1362 certain personal and property rights. During the Tatar raid on Kiev, in 1482, some Jews were taken into captivity. They were expelled in 1495 (Magdeburg City Law 1494/97), returned in 1503, came under Polish rule in 1569 and were allowed to stay in the city for trade and commercial activity only from 1619. In 1648, the Jews had to endure heavy massacres under Cossack-Hetman Bohdan Khemelnitsky. As Kiev came under the rule of Moscow in 1667, the Jews were once again not allowed to reside in the city. By the end of the 18th century, the Jewish population in the Ukraine was about 260,000. Not until 1793, was the Jewish community in Kiev re-established. In 1815, the population was 1,500 and there existed two synagogues as well as other community organizations. Although the Jews were deprived of the right to live in the city in 1827, they left it only in 1835 and by 1843 had begun to return.

By 1872, there were already 14,000 Jews (11.8% of the entire population) in Kiev. The persecutions of 1881 ruined hundreds of Jewish families. However, by 1897, the Jewish population had reached 31,800 (12.8%) and in the following year the central synagogue was built. In 1905, 1911 and 1919 there were heavy pogroms, (a Russian word which means devastation of people and property, coming into its present use at the end of the 19th century), but Jewish life in Kiev continued. In 1913, the 81,000 Jews living in Kiev represented 13% of the total population and consisted of rich and poor, commercial people, doctors, lawyers, artists, writers and workers.

Sholem Aleichem (Shalom Rabinovitz, 1859-1916), one of the great writers in Yiddish literature, was born in the Ukraine and lived from 1885 in the city of Kiev which he immortalized in many of his stories. Financially bankrupt, he left Kiev in 1890 but returned to it from Odessa in 1891. He survived the pogrom of 1905 in Kiev, and in 1906 he left for America. Later, Sholem Aleichem returned to Europe but died in New York in 1916. - Even during the early years under Communist rule, Kiev remained the center of Yiddish culture. In 1939, about 175,000 Jews lived in Kiev and after the outbreak of World War II, many tried to flee into the eastern parts of the Soviet Union. It was surely advantageous for the German aggressors that in this area there was, as everywhere else in Europe, a certain tradition of anti-semitism.

On the 22nd of June, 1941, the German 'Wehrmacht' invaded the Soviet Union. The Ukrainian capital city, Kiev, was captured on September 19, 1941, three days before Rosh Hashana (1th and 2nd Tishri), the Jewish New Year holiday. Ten days later, on September 29th and 30th (8th and 9th Tishri), on the last two of the ten days of confession before Yom Kippur (the day of reconciliation which is the greatest Jewish holiday) the German 'Sonderkommandos' shot in Kiev-Babi-Yar 33,771 Jewish men, women and children. Only a few managed by accident to escape this hell. This massacre of unfathomable cruelty was not even once surpassed in Auschwitz-Birkenau. While the mass murder of Babi-Yar was not the beginning of NS-crimes against humanity, it was perhaps actually the start of the Holocaust, the Jewish Shoáh.

There is no exact figure as to the total number of Jews killed on the territory of the U.S.S.R. Taking into consideration different error probabilities, one has in the end arrived at the conclusion "that altogether over 2.2 million Jews, which is almost one-half of the 4.7 million Jews existing on Soviet territory, were killed due to NS-terror and the persecution measures unleashed by Hitler's allies... To the first 'wave' (Summer 1941 - Spring 1942), the time of mass executions, one-third (about 700,000) of the total is allotted, to the 'Einsatzgruppen' itself nearly one-fourth (about 500,000)" [trans. mine] (A. Hillgruber 1991).

Until the 30th of June, 1944, not less than 2,196,166 people were taken from the Ukraine and adjacent regions and used as 'Ostarbeiter'. From the occupied territories of the Soviet Union, altogether 2.8 million people of the civilian population were deported into the 'Reich' in order to become forced labourers (Zwangsarbeiter). The compensation proceedings continue to belong to the dark chapters in German post-war history. The Ukrainian farm girl with the name Katarina Leszczyszyn, born Ida Blutreich, now Ida Loew, was disguised as a foreign worker and died of a heart attack on the night of the 18th to the 19th of January 1991 in Tel Aviv while 800 metres away from her apartment when the remnants of a 'Scud' missile struck.

The occupation of Kiev by German troops lasted 779 days, more than two years. As the soldiers of General Nikolai Watutin reconquered the city, on November 5th, 1943, there were only 180,000 residents. "Four-fifth of the population either perished or were deported. 1,000 enterprises, 6,000 residential houses, churches and historical buildings lay in ruins." [Trans. mine] (F. Gancz 1988/89) - Soon after the liberation of the city, thousands of Jews returned to Kiev where they were not always received with open arms. In 1947, Ilya Ehrenburg described in his novel, 'The Storm', the mass murder of Kiev's Jews. However, during the time of the so called anti-'Cosmopolitan'-Campaign, 1948/49, they officially tried to blot out the memory of Babi-Yar, notwithstanding, that people would regularly gather on the anniversary of the massacre in order to commemorate. 154,000 (13.9%) Jewish residents were officially counted in 1959, 15% of which stated Yiddish as their mother tongue.

In October of 1959, Victor Nekrassov protested against the silence and campaigned for the erection of a memorial, as opposed to a sport stadium, on the grounds of Babi-Yar. A poem by Yevgeny Yevtushenko, published on the 19th of September 1961, titled 'Babi-Yar', created special attention. Dmitry Shostakovich adapted the poem to music in his Symphony No. 13 which made its debut on December 1962. Yevtushenko was severly attacked and on the 8th of March, 1963, he was even publically criticized by Nikita Khrushchev. Anatoly Kuznetsov published in 1966 his documentary-novel 'Babi-Yar' using mainly the testimony of Dina Mironovna Pronicheva.

Later, there was a competition for the design of a Babi-Yar Memorial which was finally erected in 1976 by architect Anatoly Ignatshenko, following the design of sculptor Michail Lissenko. Yet, there was no inscription in remembrance of the Jewish martyrdom and not until the time of Perestroika was a commemorative plaque in Yiddish mounted. Since September 1991, there is a Jewish Memorial at the exact site, in the form of an impressive bronzed Menorah. The importance of the first official public commemoration in 1991, which included the visit by American President George Bush, cannot be estimated highly enough.

The history of the Jews in the old Soviet Union was truly variable enough. The February Revolution of 1917 brought equal rights to the Jews but right after Lenin's October Putsch followed the next pogroms. While countless writings in the Yiddish language were permitted to be published between 1917 and 1948, more than a few Jews fell victim to Stalin's 'cleaning' of the thirties. So-called 'Soviet-Jewish Anti-Fascist Committees' were allowed, after the invasion of the German army in 1941, to request worldwide for help for the Soviet Union. In 1947, Gromyko appeared in front of the United Nations in New York strongly supporting the creation of Israel as an independent state which was energetically assisted by the Communist States in its War of Independence. Yet, almost at the same time, one of the most severe anti-Jewish campaigns in the Soviet Union began, reaching its highest point in 1952: About 450 writers, actors, musicians were murdered not to speak of doctors, politicians and countless others. Only in 1988 were some of them rehabilitated.

The incessant waves of Jewish emigration must be seen against the backdrop of their bloodied experiences. Moreover, Glasnost and Perestroika has in many areas brought to light old anti-semitic feelings which possibly promises to become worse. Only a few years ago, it took tremendous courage to even allow oneself to be seen at a farewell party of a Jewish friend. Meanwhile, the great number of emigrated doctors, engineers, teachers, scientists and artistic intelligentsia indicates the exceedingly strong losses suffered by the states of the former Soviet Union. Nevertheless, there were and still are many who hardly like to think of emigrating and they are not exclusively people in so called mixed marriages. In the past years, many have finally developed a new self-assurance. They have reached leading positions and have throughout hoped for new chances in life including a new Jewish life in their country.

Last but not least, three dramatic days in August 1991 have in a significant way shaped the new liberal consciousness of many people in the Soviet Union which has further broken apart also for that reason. The same holds true for the Jewish consciousness in the old Soviet Union and perhaps elsewhere as well. Those who saw the moving pictures will never forget them. On the fourth Saturday in August 1991, three young men were carried to their grave by a huge funeral procession. The men had lost their lives on the previous nights of horror while fighting against the tanks of the putschists. Two of them received a Christian burial.

The third was given his last farewell by a fiddler playing Jewish melodies. His coffin was covered with a 'Tallit', the Jewish prayer coat. Rabbis were present and men openly wore 'Kippas', the traditional Jewish headgear. Presumably, for the first time since 1948, if not since the October Revolution, the Jewish burial prayer 'Kaddish' was said during a Soviet State funeral. The dead young man was a Jew. State President Gorbachev had declared beforehand all three victims as 'Heroes of the Soviet Union', bestowing upon them the highest posthumous award in the country. One will see what influence all this will have upon Jewish emigration and upon Jewish life in the new states of the old Soviet Union.

The putsch itself was first of all a shock for the Soviet Jews, especially for those who wanted to emigrate because they had to be immediately afraid that this would not be possible, as well as for those who wanted to remain for they once again feared that a time of repression was imminent. During those dramatic days, one could witness how fear, helplessness and resignation threatened to return but changed almost at once into anger and a will to resist which occurred not only in Moscow.

Personally memorable, in any case, remains the strong impression of our first visit to Kiev and our happiness over the proud existence of the synagogue there. The synagogue looks approximately as Lea Rosh rather laconically describes it, "The Synagogue is painted yellow-gold, it has a very full effect on first sight. Precisely inspected, it is painted more than once but is by no means totally dilapidated. A couple of old men are there. ..." [trans. mine] (L. Rosh and E. Jaeckel 1990). But not only they.

The past is contemporary to the extent it is known at present. Sholem Aleichem toward the end of the last century wrote in Yiddish, "God still lives, and Jehupets still stands." - "I am ... in Jehupets (also a very beautiful city, as sure as I am alive!)", but, "Jehupets is a city, in which Jews are not allowed to live in, unless they are monetarily privileged"; nevertheless, "... the city - there is not much to be said - is a jewelry case and the people here - gold and silver! ... The people here are all wonderfully noble and elegant, the men just as the women..." [trans. mine] (Scholem Alejchem 1970). Jehupets was and is Kiev, which in Ukrainian is called 'Kiejiv'.

'Pictures of an Exhibition' with the 'Giant Gate of Kiev' according to Modest Mussorgsky (1839-1881)? - Kiev, the blossom of a chestnut tree on the city emblem, is beautiful in the first green of its tree lined lanes, but there is a particular charm in the warm late summer days of September. The golden shimmer of its extended parks seems to reflect itself in the green-golden domes of the churches and cathedrals. One can easily be convinced, in the afternoons, through a view from the lower wall of the 'Pecherskaya Lavra' (Cave-Monastery) onto the wide glistening ribbon of the Dnieper. - One night, after we had eaten possibly the best 'gefillte fish' in our life, our friends accompanied us, on our way to the hotel, across the large area of the club sportgrounds of the 'Dynamo Kiev'; while underway, we obtained a contrasting view of the stone monument for the soccer players who were shot in the Nazi-time.

Babi-Yar always remains present in Kiev, even the weather is a reminder of it. Also at that time, there were supposed to have been beautiful September days as it often happens before and during Sukkot, the Feast of Tabernacles (15th to the 22nd Tishri), which in 1941 was one week after the 'announcement' of an impending 'resettlement action'. - In September 1989, we stood for the first time in front of the Babi-Yar Monument. Not a single visit to Kiev after that went without visiting this gloomy monument which continues to be a source of controversy for various reasons. Nevertheless, this site has in itself many considerations. - The Shoáh of Babi-Yar will remain a symbol for the crimes of the German occupiers, as well as a symbol of incomparable inhumanity of the 20th century and even then still, when the so called German 'historian squabble' ('Historikerstreit') has been long forgotten.

About fifty years thereafter, it is not a incidental occasion to openly mention that there is once again Jewish life in Kiev and other places of the new republics of what was the former Soviet Union. However, following the massacres by Germans and the persecutions carried out by the Communists, it is a wonder that there is new community life, associations for Jewish culture and in Kiev there are even two recent Yiddish theaters which must absolutely perform in the West. In Kiev, itself, there is enough to be helped, for example book, magazine and newspaper donations as well as humanitarian aid and private and public invitations.

Today, Kiev and all of the Ukraine offer vast opportunities. Fortunately, there have developed university and city partnerships, for example between Kiev and Konstanz and Munich. A certain amount of cultural exchanges have been taking place for a lengthy period of time and in the fall of 1991, the University of Konstanz participated in the first 'German Culture Week in the Ukraine'. - In the winter of 1990/91 and in the spring 1992 there were already remarkable German humanitarian relief campaigns for the people in the new states of the former Soviet Union. From southern Germany, such help was conveyed to Kiev, Butsha, Borodyanka, both near to Kiev, and to the small town of Gorodnya in the Czernigov region. There is a lot of interest and good will; for instance, many people and some institutions from southern German cities such as Konstanz, Radolfzell, Singen, Bad Saeckingen und Wehr are now engaged in relief actions.

Nevertheless, beyond this, a greater expansion of business relations must urgently be initiated. All in all, one should recognize the great opportunities possible. The shrewd Western World should be generous in helping, how and where it can, not only in its own interest. Anything else could become for all incomparably more expensive, including for the Jews in the new states of the old Soviet Union. - Fifty years after Babi-Yar there is, moreover, an interesting degree of Jewish emigration to Germany. This should be seen from all sides concerned as a considerable sign of trust. When people, after all that has happened, can again desire to live in Germany, the decision should be respected accordingly.

Today we are just pleased, as I said on December 1, 1991, at the University of Konstanz, that it is possible to open the photo exhibition of 'Jewish Life in Kiev' of the Kievan Photographer Dmitry Peisakhov. - Presently we are happy, that out of the exhibition which took place, this photo-documentary was created. - It was, perhaps, not completely due to coincidence that we got to know Dmitry Peisakhov for the first time at the Babi-Yar Monument. We saw his photographs soon after and found that these pictures must be shown to a larger audience which has, herewith, fortunately occurred.

Dmitry Peisakhov was born in 1946 in Kiev to the family of a doctor, he is married and has two sons. He studied the technology of machine building at the Kievan Polytechnical Institute and worked as an engineer until 1985. Meanwhile, in 1980, he graduated from the Department of Photography of the Kievan Institute of Journalism. Since 1985, he has worked as a free-lance Photographer and has participated in more than 20 exhibitions both within and outside of his country resulting in awards of various prizes. We are pleased that he came in 1991, fifty years after 'Babi-Yar', especially with this exhibition to the Gallery of the University of Konstanz and that from this event this photo-album is now available. We wish this photo-documentary many viewers and the new Jewish life in Kiev further success and times of flourish.

(Translation by Adwoa K. Buahene, Lakehead/Canada, and Universität Konstanz; word-processing by Heide Fehringer and Henning Frank, Universität Konstanz)

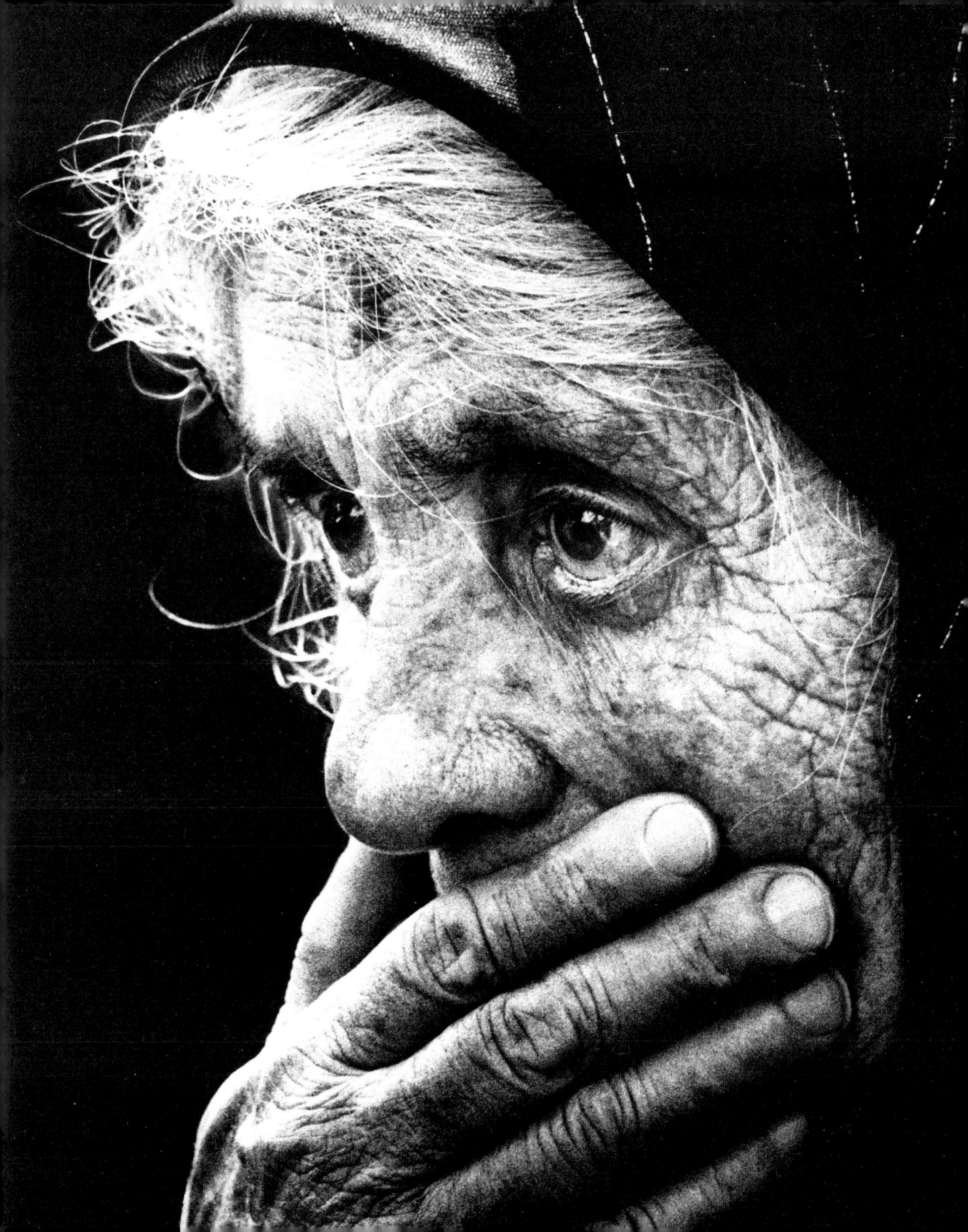

10

13 14

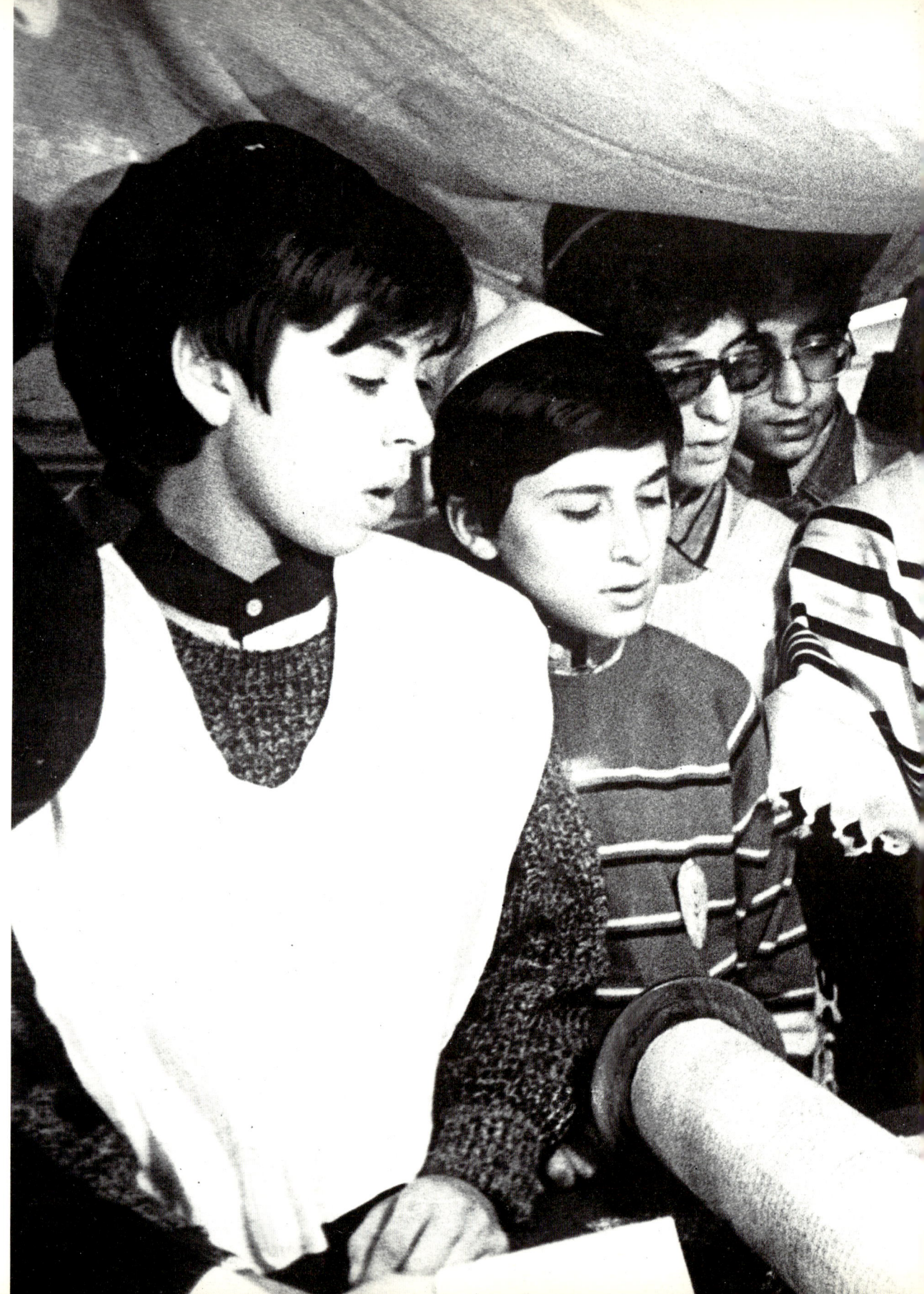

20

21

24

25

29

30

33

34

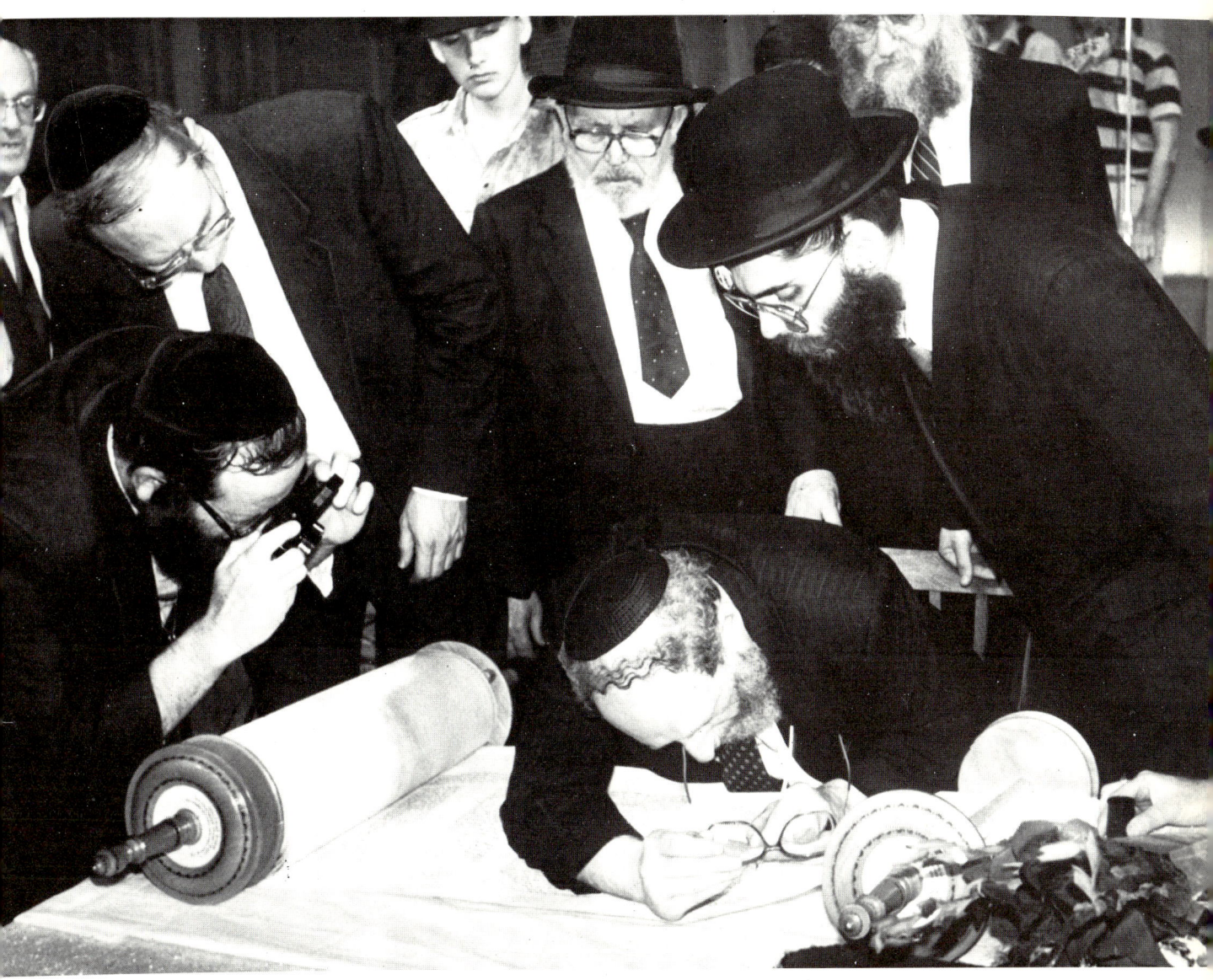

42

47 48

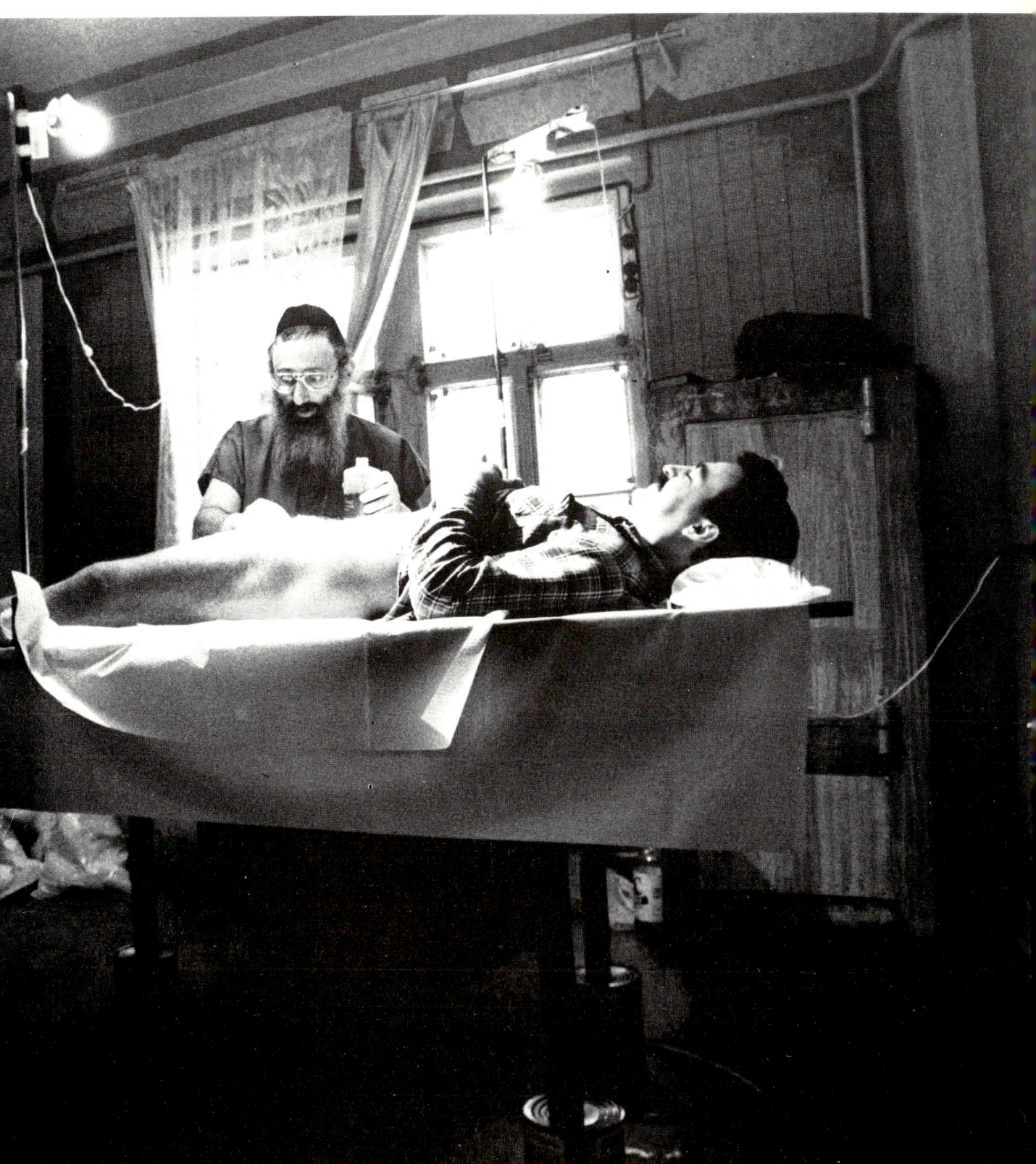

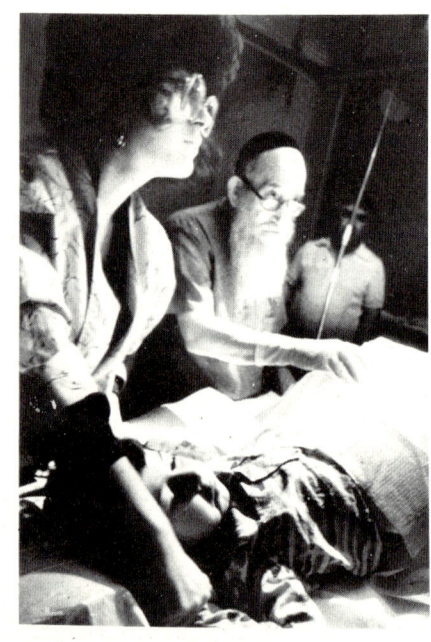

49

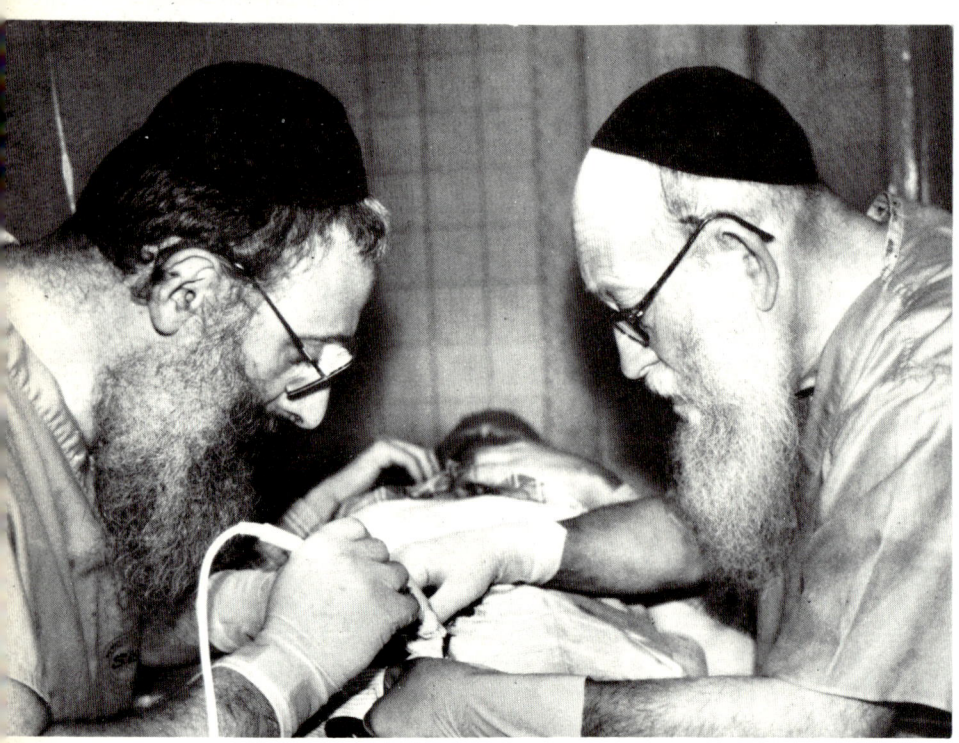

50

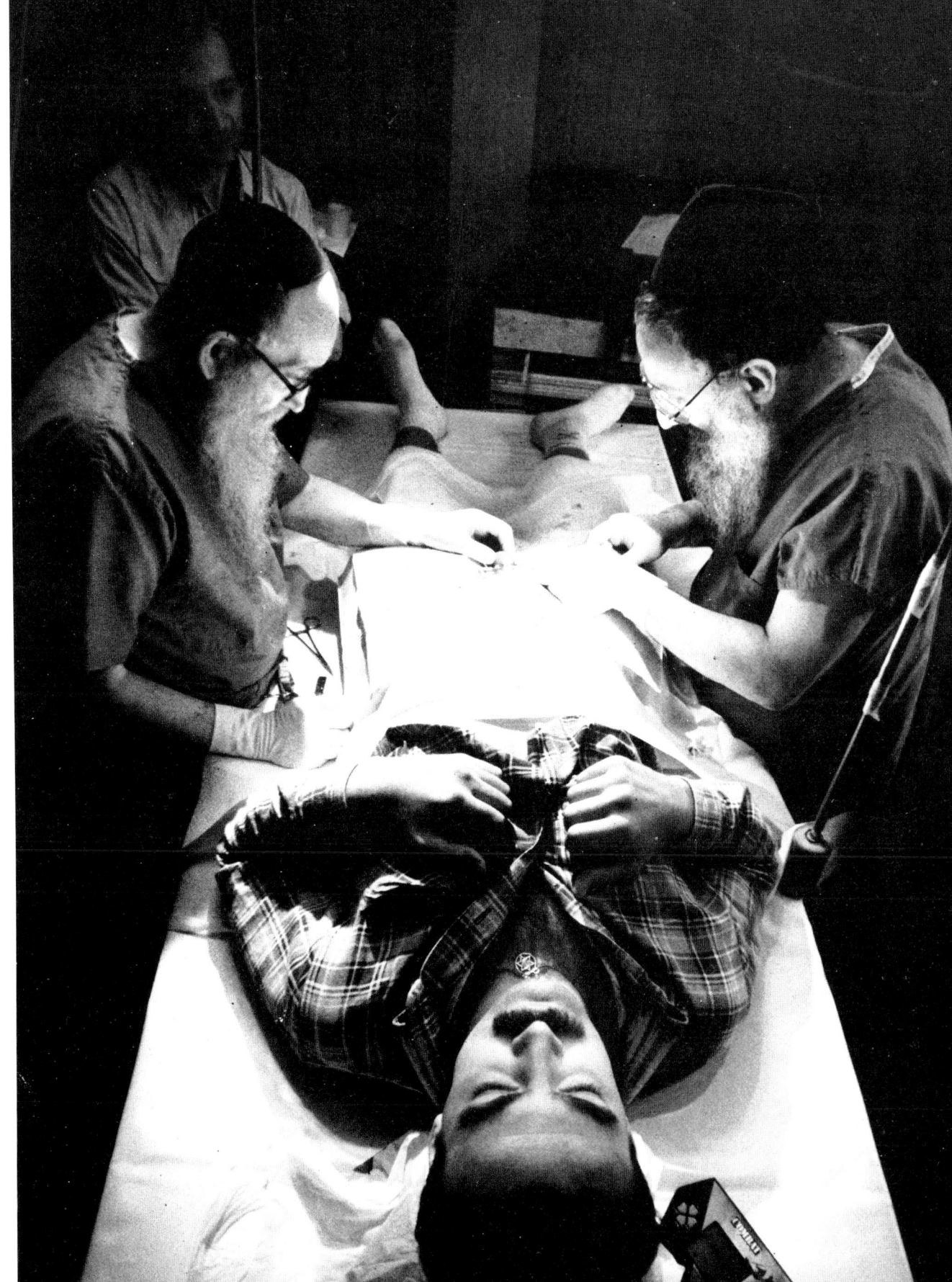

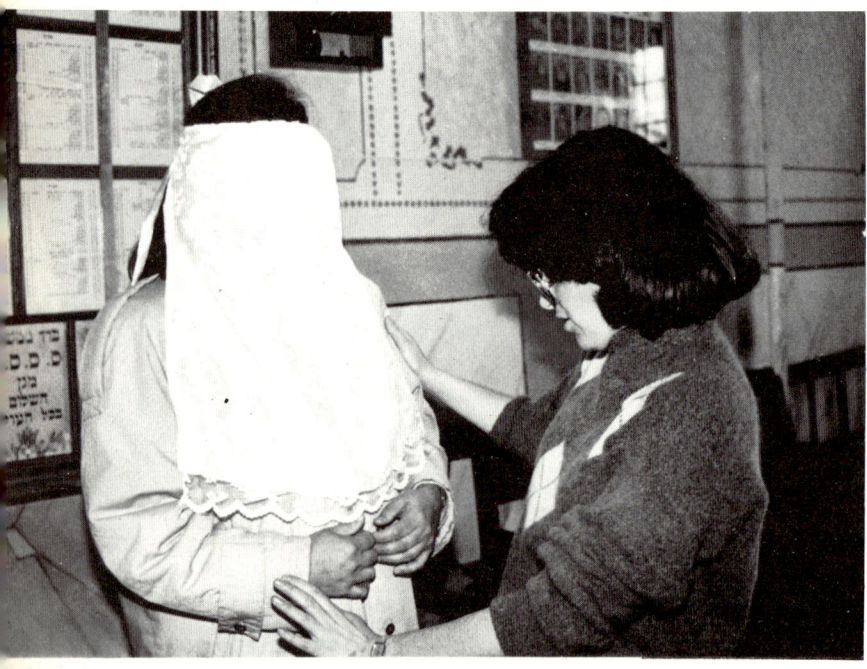

55

56

75

76

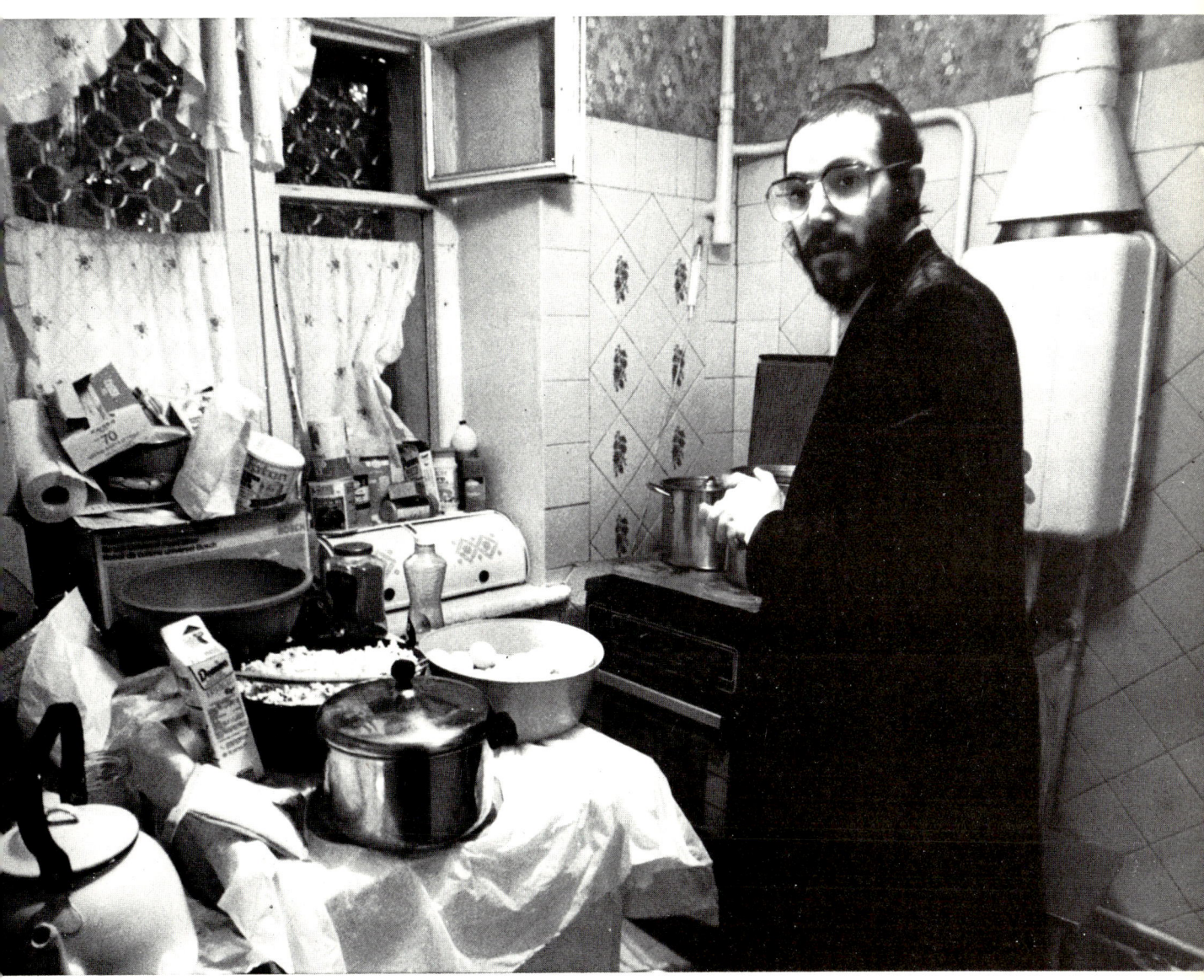

83

84

97 98

106

110

111

116

117

121

122

121

122

126

127

131

132

149

149

СПИСОК ФОТОИЛЛЮСТРАЦИЙ

1—8. Траурные митинги на территории Бабьего Яра (1989—1991).
9. Бывшие узники Бабьего Яра Я.Капер, З.Трубаков, Д.Будник (1991).
10. Захар Трубаков — узник Бабьего Яра, сейчас живет в Израиле (1991).
11. Раиса Дашкевич — со своей семьей из 12 человек прошла через расстрел в Бабьем Яре, всю войну прожила в оккупации по фиктивным документам. Сейчас живет в Нью-Йорке (1991).
12. Яков Капер — узник Бабьего Яра (1990).
13 Давид Будник — узник Бабьего Яра, свидетель обвинения на Нюрнбергском процессе (1991).
14. Менорá, только сейчас установленная на месте расстрелов (1991).
15. Во время траурного концерта (1991).
16. Изучение Торы в еврейском детском лагере в г. Миргороде Полтавской области (1990).
17. Первая еврейская школа в Киеве. Из-за отсутствия помещения занятия проводились на арендованном синагогой старом пароходе (1990).
18. Бармицва в Киевской синагоге (1991).
19. Занятия с девушками в синагоге (1989).
20. Занятие с девушками в ешиве (1991).
21. Обучение омовению рук перед едой (1991).
22. Студент ешивы Александр Шульманович (1992).
23. Занятия в ешиве (1991).
24. Урок иудаики в классе начальной военной подготовки. На стенах лозунги "Защита Социалистического Отечества есть священный долг каждого гражданина СССР" и "Воинская служба в рядах Вооруженных Сил СССР — почетная обязанность советских граждан" (1991).
25. Урок иврита в детском летнем лагере в г.Гадяче Полтавской обл. (1991).
26—28. Урок иврита (1990—1992).
29. Яблоко от учителя (1989).
30. Школьный завтрак (1992).
31. В парке (1990).
32. Утренняя молитва (1990).
33. Молитва (1991).
34. Преподаватель ешивы Элиейзер Кругляк помогает в первый раз надеть Тфилин еврею из Грузии (1991).
35. Американские хасиды у Киевской синагоги (1990).
36. Писание Торы в Киевской синагоге (1990).
37. Школа для взрослых (1990).
38. Молитва (1991).
39. Рабби Шломо Карлебах и президент "Ortodox Union" Сидней Квестел во дворце "Украина" (1990).

40. Торжественное окончание написания Сефер Торы (1990).
41. Занятия в ешиве (1991).
42. Студенты ешивы выходят на улицы и учат всех желающих евреев надевать Тфилин (1990).
43. Преподаватель ешивы Ошер Даич (1991).
44. Студенты ешивы (1990).
45. Главный раввин Киева и Украины Яков Блайх (справа), приехавший из США помочь восстановить еврейскую общину в Киеве. Вместе с ним учитель ешивы Рабби Шия Вайнбергер, который обучает еврейской истории и религии киевских евреев (1990).
46—53. Первое легальное обрезание. Этот обряд, проведенный в августе 1990 года, был первым легальным случаем обрезания. До этого он проводился нелегально, на частных квартирах, без специального оборудования и в антисанитарных условиях. Проведено в служебном помещении Киевской синагоги американскими специалистами, с американским оборудованием и материалами. После этого обрезания проводятся в медицинском учреждении.
54—64. Религиозная свадьба. Происходила 29 ноября 1990 года. Жених — студент ешивы Хаим Шулем Пиковский — кандидат геологических наук. Он начал серьезно интересоваться религией после смерти своего отца. Его невеста — Руф Пиковская. Они женаты с 1980 года и имеют двух сыновей. Через два дня после свадьбы эмигрировали в Израиль.
65. Певица Маша Иткина (1991).
66—71. Праздник Пурим (1991).
72. Старый мясник (1991).
73. На демонстрации в честь Октябрьской революции (1991).
74—75. Американские хасиды в Киеве (1990).
76. Делегация "Сохнут" в Киеве (1991).
77—78. Праздник Песах в общине прогрессивного иудаизма (1991).
79—80. Перед Шаббатом в доме директора ешивы Рабби Шии Вайнбергера (1991).
81—89. Шхита — забой скота в соответствии с законом Торы в селе Андреевка возле Киева. Шойхет Александр Поманский проходил обучение в Израиле и США в течение полутора лет (1991).
90. На митинге в Бабьем Яре (1991).
91. Члены молодежной организации "Бейтар" (1991).
92. Еврейское знамя впервые поднято публично в г.Киеве на траурном митинге в сороковой день после смерти академика А.Д.Сахарова. Знамя держит глава группы народных знамен и символики украинец Игорь Ткачук (1990).
93—94. На митинге организации "Бейтар" (1990—1991).
95. На митинге (1991).
96. Рабби Лейб Суркис из Нью-Сквиры (США) с украинским народным ансамблем в г.Шаргороде Винницкой обл. (1992).

97. Молодежная организация "Бней-Акива" (1991).
98. Во время праздника "Лаг Баомер" (1991).
99. Члены молодежной организации "Бейтар" (1991).
100. В новую жизнь (1992).
101. Проводы в Израиль семьи З.Трубакова (1990).
102. Проводы активиста еврейского движения Александра Щиголя в Израиль (1991).
103—104. На киевском вокзале (1991).
105. В местечке Шаргогод (1992).
106. Колонка в г.Тульчине Винницкой обл. (1992).
107. Женщина из Шаргорода (1992).
108. Свобода на улице Ленина, пос. Черновцы Винницкой обл. (1992).
109. Частный дом в пос. Черновцы Винницкой обл. (1992).
110. Вечерние посиделки в пос. Черновцы Винницкой обл. (1992).
111. Улица в Шаргороде (1992).
112. Украинцы впервые пробуют мацу, г.Шаргород (1992).
113. Лошадник (1992).
114. На базаре в г.Могилеве-Подольском (1992).
115. Пенсионерка из Томашполя (1992).
116. На кухне, пос. Черновцы Винницкой обл. (1992).
117. На страже (1992).
118. У могилы ученика Бал Шем Това, г.Меджибож Хмельницкой обл. (1991).
119. Кладбище в г.Брацлаве Винницкой обл. (1992).
120. Могильный камень в г.Меджибоже (1991).
121. Синагога XVI века. В настоящее время в ней размещается соковый завод, г.Шаргород (1989).
122. Разрушенная синагога на кладбище в г.Черновцы (1991).
123. Кладбище в г.Черновцы (1991).
124. Кладбище в селе Печеры Винницкой области (1989).
125. Акт вандализма на еврейском кладбище в г.Черновцы (1991).
126. "Йор-цейт" на могиле третьего Любавичского реббе в г.Нежине (1990).
127. "Йор-цейт" на могиле первого Любавичского реббе в г.Гадяче (1990).
128. Могила Бал Шем Това, г.Меджибож (1991).
129. Старое кладбище возле г.Жмеринки (1992).
130—150. Портреты.

BILDERKLARUNGEN

1.—8. Während der Trauerversammlungen auf dem Gelände von Babij Jar (1989—1991).
9. Die ehemaligen Häftlinge von Babij Jar J.Kaper, S.Trubakow, D.Budnik (1991).
10. Sachar Trubakow, ein Häftling von Babij Jar, zur Zeit wohnhaft in Israel (1991).
11. Raissa Daschkewitsch überlebte die Erschiessung in Babij Jar, nachdem ihre 12 Familienangehörigen den Tod gefunden hatten. Während der Besatzungszeit lebte sie in Kiew mit gefälschten Papieren, zur Zeit wohnhaft in New York (1991).
12. Jakob Kaper, ein Häftling von Babij Jar (1990).
13. David Budnik, ein Häftling von Babij Jar, ein Zeuge der Anklage im Nürnberger Prozess (1991).
14. Menora, die jetzt auf dem Erschiessungsplatz errichtet wurde (1991).
15. Während des Trauerkonzerts (1991).
16. Torastudium im jüdischen Kinderferienlager in Mirgorod bei Poltawa (1990).
17. Die erste jüdische Schule in Kiew. Wegen des Raummangels wurde der Unterricht in einem alten, von der Gemeinde gemieteten Schiff gegeben (1990).
18. Barmizwa in der Kiewer Synagoge (1991)
19. Mädchen lernen jüdische Geschichte (1989).
20. Mädchen lernen in der Jeschiwa (1991).
21. Unterricht im Händewaschen vor dem Essen (1991).
22. Jeschiwastudent Alexander Schulmanowitsch (1992).
23. Unterricht in der Jeshiwa (1991).
24. Judaicastunde in der Klasse der primären Wehrausbildung. An den Wänden sind Losungen: "Die Verteidigung des sozialistischen Vaterlandes ist die heilige Pflicht jedes Bürgers der UdSSR" sowie "Der Militärdienst in den Reihen der Sowjetbürger" (1991).
25. Iwritstunde im Kinderferienlager in der Stadt Gadjatsch (1991).
26.—28. Iwritstunde (1990—1992).
29. Der Apfel des Lehrers (1989).
30. Das Schulfrühstück (1992).
31. Im Park (1990).
32. Morgengebet (1990).
33. Gebet (1991).
34. Der Jeschiwalehrer Eliezer Krugljak hilft einem Juden aus Georgien, die Tfillin anzulegen. (1991).
35. Amerikanische Chassidim an der Kiewer Synagoge (1990).
36. Toraschreiben in der Kiewer Synagoge (1990).
37. Erwachsenenschule (1990).
38. Gebet (1991).
39. Rebbe Shlomo Karlebach und Sidney Kwastall, Präsident der "Orthodox Union" im Kulturpalast "Ukraine" (1990).

40. Der feierliche Abschluss einer Toraschrift (1990).
41. Unterricht in der Jeshiwa (1991).
42. Jeschiwastudenten gehen auf die Strasse und bringen allen interessierten Juden bei, die Tfillin anzulegen (1990).
43. Der Jeschiwalehrer Oscher Daitsch (1991).
44. Jeschiwastudenten (1990).
45. Der Rabbiner der Kiewer Synagoge, Jankel Bleich (rechts), kam aus den USA, um bei der Wiedergeburt der jüdischen Gemeinde in Kiew behilflich zu sein. Neben ihm der Jeschiwalehrer Rebbe Shija Weinberger, der die Kiewer Juden in jüdischer Geschichte und Religion unterrichtet (1990).
46.—53. Die erste legale Beschneidung im August 1990. Bis dahin wurde die Beschneidung illegal in privaten Wohnungen durchgeführt.
54.—64. Religiöse Hochzeit am 29. November 1990: Bräutigam ist der Jeshiwastudent Haim Shulem Pikowskij, Kandidat der geologischen Wissenschaften, seine Braut ist Ruth Pikowskaja, beide sind seit 1980 verheiratet und haben zwei Söhne. Zwei Tage nach der Hochzeit sind sie nach Israel ausgewandert.
65. Die Sängerin Mascha Itkin (1991).
66.—71. Purim (1991).
72. Ein alter Fleischer (1991).
73. Demonstration zu Ehren der Oktoberrevolution (1991).
74.—75. Amerikanische Chassidim in Kiew (1990).
76. Delegation der "Sochnut" in Kiew (1991).
77.—78. Pessach (1991).
79.—80. Vor dem Shabbat im Hause des Jeschiwadirektors Rebbe Shija Weinberger (1991).
81.—89. Shchita, das Schlachten nach dem Gesetz der Tora im Dorf Andrejewka, bei Kiew. Schochet Alexander Pomanskij wurde als Schächter in Israel und in den USA ausgebildet (1991).
90. Während der Trauerversammlung auf dem Gelände von Babij Jar (1991).
91. Mitglieder der Jugendorganisation "Bejtar" (1991).
92. Die Jüdische Fahne wurde erstmals in der Stadt Kiew während der Trauerversammlung, die vierzig Tage nach dem Tod des Akademiemitglieds Sacharow stattfand, öffentlich aufgestellt. Die Fahne hält der Obmann der "Gruppe der Volksfahnen und Symbolik" — der Ukrainer Igor Tkatschuk (1990).
93. Während der Bejtarkundgebung (1990).
94. Während der Bejtarkundgebung (1991).
95. Freundschaftstreffen (1991).
96. Rabbi mit einer ukrainischen Volksmusikgruppe in Schargorod im Gebiet Winniza (1992).
97. Die Jugendorganisation "Bnej-Akiwa" (1991).
98. Während des Festes "Lag Baomer" (1991).
99. Mitglieder der Jugendorganisation "Bejtar" mit der Losung "Juden! Auf, in die Heimat, nach Israel!" (1991).

100. In das neue Leben (1992).
101. Abschied von der Familie S. Trubakow vor ihrer Abreise nach Israel (1990).
102. Verabschiedung des jüdischen Aktivisten, Sascha Schigol vor seiner Abreise nach Israel (1991).
103.—104. Auf dem Kiewer Bahnhof (1991).
105. In der kleinen ukrainischen Stadt Schargorod (1992).
106. Wasser vom Brunnen in Tultschin im Gebiet Winniza (1992).
107. Frau von Schargorod (1992).
108. Freiheit in der Lenin-Strasse (1992).
109. Häuschen in Tschernowzy im Gebiet Winniza (1992).
110. Abendliche Zusammenkünfte in Tschernowzy im Gebiet Winniza (1992).
111. Strasse in Schargorod (1992).
112. Ukrainer mit Matzot (1992).
113. Pferdeliebhaber in Tschernowzy im Gebiet Winniza (1992).
114. Auf dem Markt von Mogilew-Podolsky (1992).
115. Alte Frau in Tomaschpol im Gebiet Winniza (1992).
116. In der Küche (1992).
117. Auf Wache (1992).
118. Am Grabe eines Schülers des Baal Schem Tow in der Stadt Medshibesch (1991).
119. Friedhof in Bratslaw (1992).
120. Grabstein in der Stadt Medshibosch (1991).
121. Synagoge aus dem 16. Jahrhundert, jetzt benutzt als Fruchtsaftfabrik (1989).
122. Die zerstörte Synagoge am Friedhof in Tschernowzy (1991).
123. Der Friedhof in Tschernowzy (1991).
124. Der Friedhof im Dorf Petschery im Gebiet Winniza (1989).
125. Vandalismus auf dem jüdischen Friedhof in Tschernowzy (1991).
126. "Jor-Zeit" am Grabe des dritten Ljubawitscher Rebbe in der Stadt Neshin (1990).
127. "Jor-Zeit" am Grabe des ersten Ljubawitscher Rebbe in der Stadt Gadjatsch (1990).
128. Das Grab des Baal Schem Tow in der Stadt Medshibosch (1991).
129. Alter jüdischer Friedhof (1992).
130.—150. Porträts.

DESCRIPTION OF PHOTOGRAPHS

1—8. Congregation mourning at the site of Babi Yar (1989—1991).
9. Yakov Kaper, Zakhar Trubakov and David Budnik (left to right), the last three survivors of the former concentration camp at Babi Yar (1991).
10. Zakhar Trubakov, survivor of the Jewish prison camp at Babi Yar, he now lives in Israel (1991).
11. Raisa Dashkevish — all eleven of her family members were killed during the massacre at Babi Yar. She survived the years of Nazi occupation using forged documents stating that she was Ukranian. Raisa now lives in New York (1991).
12. Yakov Kaper, survivor of the Jewish prison camp at Babi Yar (1990).
13. David Budnik, one of the few who survived Babi Yar and who testified at the Nuremburg trials of crimes committed by the Nazis during the war (1991).
14. Menorah, only recently installed at the site of the mass killings (1991).
15. During the concert in memory of the dead (1991).
16. Studying the Torah in a special summer camp for children organized by Kiev Synagogue in Mirgorod, Poltava region (1990).
17. The first Jewish school in Kiev. Classes were conducted in the cabins of an old ship rented by the Synagogue for that reason due to lack of other accommodations (1990).
18. Bar-Mitzva in Kiev Synagogue (1991).
19. Classes with girls in the Synagogue (1989).
20. Yeshiva classes with girls (1991).
21. Learning how to wash hands before meals (1991).
22. Yeshiva student Aleksander Shulmanovitch (1992).
23. Yeshiva classes (1991).
24. Classes of Judaism in Primary Military Training classroom. Slogans on the walls read "Defending of the Socialist Motherland is the sacred duty of every citizen of the USSR." and "Military service in the USSR military forces is the honorable duty of every Soviet citizen." (1991).
25. Hebrew classes in the summer camp for children in the town of Gadyich (1991).
26—28. Hebrew classes (1990—1992).
29. An apple from the teacher (1989).
30. Lunch at school (1992).
31. In the park (1990).
32. Morning prayer (1990).
33. Prayer (1991).
34. Yeshiva teacher Eliezer Kruglyak helps a Georgian Jew to put on Tefillin for the first time (1991).
35. American Chassidim near Kiev Synagogue (1990).
36. Torah writing in Kiev Synagogue (1990).
37. Classes for grown-ups (1990).

38. Prayer (1991).
39. Rabbi Shlomo Carlebach and Sidney Kwestel, President "Orthodox Union" in the Palace of culture "Ukraine" (1990).
40. The art of writing Torah (1990).
41. Yeshiva classes (1991).
42. Yeshiva students going out to teach uneducated Jews how to put on Tefillin (1990).
43. Yeshiva teacher Osher Daitch (1991).
44. Yeshiva students (1990).
45. Rabbi Yaakov Bleich, Chief Rabbi of Kiev and Ukraine (right) from the USA who took on the task of helping to re-establish the Jewish community in Kiev. With him is Yeshiva teacher Rabbi Shea Veinberger, who gives classes in Jewish religion and history for the "out-of-touch" Jews in Kiev (1990).
46—53. First legal circumcision. This circumcision operation carried out in August 1990 was the first legal operation since the right to practice the faith was restored by the Soviet authorities. Previously, the operation was carried out illegally in private apartments, with poor equipment and unhygienic conditions. Performed in the side room of Kiev Synagogue by specialists who flew from the USA bringing their own equipment and material.
54—64. Religious wedding. This took place in Kiev Synagogue on November 29th, 1990. The groom is Yeshiva student Haim Shulem Pikovsky, a graduate in Geological and Mineral Science. He became seriously interested in the Jewish faith after his father's death in 1989. His bride is Ruth Pickovskaya. The couple had already been married by civil law in 1980 and had two children. Two days after the wedding, the family emigrated to live in Jerusalem, Israel.
65. Singer Masha Itkina (1991).
66—71. Purim Festivities (1991).
72. An old butcher (1991).
73. Demonstration in honour of the October Revolution (1991).
74—75. American Chassidim visiting Kiev (1990).
76. "Sochnut" — the Jewish Agency— delegation in Kiev (1991).
77—78. Jewish Passover (1991).
79—80. Preparations for Sabbath in the apartment of Yeshiva director Rabbi Shea Veinberger (1991).
81—89. Slaughter by the process of shechita (according to the Law of Torah) performed in the village of Andreevka, near Kiev. Shoichet Aleksander Pomansky trained as a kosher butcher in Israel and the USA for 18 months (1991).
90. At the meeting in Babi Yar (1991).
91. Members of the youth organizanion "Beitar" (1991).
92. Jewish flag raised publically for the first time in Kiev during the memorial meeting on the 40th day after Academican A.D.Sakharov's death. The flag is in the hands of Igor Tkatchuk, an Ukrainian activist of the Ukrainian National Flags and Symbols Group (1990).
93—94. At the meeting of "Beitar" organization (1990—1991).

95. At the meeting (1991).
96. Rabbi Leib Curkis from New Skvira (USA) with Ukrainian Folk company of Shargorod, Vinnitsa region (1992).
97. Youth organization "Bnei-Akiva" (1991).
98. During the holiday "Lag Baomer" (1991).
99. Member of youth organisation "Beitar" with the slogan "Jews, go home to Israel" (1991).
100. Into a new life (1992).
101. Departure of Z.Trubakov's family to Israel (1990).
102. Sasha Shigol, an activist of the Jewish movement, emigrates to Israel (1991).
103—104. At Kiev railway station (1991).
105. In the small town of Shargorod (1992).
106. Water from the well in Tulchin, Vinnitsa region (1992).
107. Woman from Shargorod (1992).
108. Freedom in Lenin Street (1992).
109. Villa in Chernovitz, Vinnitsa region (1992).
110. Gossip in Chernovitz, Vinnitsa region (1992).
111. A street in Shargorod (1992).
112. Ukrainian Traditionalists sample matzos (1992).
113. Man and mule in Chernovitz, Vinnitsa region (1992).
114. At the market of Mogilev-Podolsky (1992).
115. Old woman from Tomashpol, Vinnitsa region (1992).
116. In the kitchen (1992).
117. On guard (1992).
118. At the grave of a student of the Baal Shem Tov in the town of Medzibozh (1991).
119. Cemetery in Brastlav (1992).
120. Gravestone in Medzibozh (1991).
121. Sixteenth century synagogue, now used as a fruit juice factory; Shargorod (1989).
122. Destroyed Synagogue at the cemetery in Chernovitz (1991).
123. The cemetery in Chernovitz (1991).
124. The cemetery in the village of Pechery, Vinnitsa region (1989).
125. Vandals have attacked the Jewish cemetery in Chernovitz in the Western Ukraine (1991).
126. "Yor-zeit" (Memorial Day) at the grave of the third Lubavitcher Rabbi in Nezhin (1990).
127. Holy Dance around the grave of the first Lubavitcher Rabbi in the town of Haditch, Ukraine, on his "Yor-zeit" (Memorial Day) (1990).
128. The Grave of the Baal Shem Tov, in Medzibozh (1991).
129. Old Jewish cemetery near Zmerinka (1992).
130—150. Portraits.

Дмитрий Пейсахов, A.F.I.A.P., член Союза фотохудожников Украины, художник Международной федерации фотоискусства. Родился в 1946 году. В 1970 г. закончил Киевский политехнический институт по специальности инженер-механик. В 1980 г. закончил Киевский общественный институт журналистского мастерства по специальности фотожурналистика. До 1985 г. работал инженером-конструктором. Автор ряда изобретений и статей в области создания машин высокой проходимости. С 1986 г. работает профессиональным фотографом. Начиная с 1989 года углубленно разрабатывает тему о культуре, истории и религиозной жизни евреев на Украине.

Dmitry B. Peisakhov, A.F.I.A.P., Mitglied des Kunstfotografenverbandes der Ukraine, und hat den Ehrentitel des Photokünstlers des Internationalen Verbandes der Photographischen Kunst. Geboren 1946 in Kiew, verheiratet, 2 Söhne, hat 1970 das Polytechnische Institut Kiew absolviert und den Beruf eines Maschineningenieurs erlernt. 1980 Studiumabschluss an der Fakultät fur Fotografie im Institut fur Journalistik, war bis 1985 als Ingenieur tätig und hat 7 Erfindungen und 6 wissenschaftliche Artikel im Bereich Geländefahrzeuge zu verzeichnen. Seit 1985 freiberuflicher Fotograf; sein Hauptinteresse gilt dem kulturellen und religiösen Leben der Juden in Kiew und der Ukraine.

Dmitry B. Peisakhov, A.F.I.A.P., member of the Photoartist Union of the Ukraine, has name Artist of the International Federation of Photographic Art. Born in 1946 in Kiev, married, father of two sons. In 1970 graduated from Kiev Polytechnical Institute as a mechanical engineer. In 1980 graduated from Kiev Institute of Journalism as a photo journalist. Before 1985 worked as a design engineer. The author of several inventions and scientific articles relating to the design of vehicles of super trafficability. Since 1986 has been working as a professional photographer. Since 1989 Dmitry has been working a great deal in the field of cultural, historical and religious activities of Jews in the Ukraine.

Доктор Эрхард **Рой Вин**, М. А., профессор Констанцкого университета, Германия. Родился в 1937 году. Получил образование в Мюнхене, Тубингине и в США. В 1971/1972 годах проходил стажировку в Нидерландском университете в области гуманитарных и общественных наук в г.Вазепааре. Несколько раз избирался заведующим кафедрой социологии, в 1983/84 и 1990/91 годах декан факультета общественных наук в Констанцком университете. Осуществляет связи Констанцкого университета с университетом в Тель-Авиве, с Институтом народного хозяйства и Университетом г.Киева. Автор многих книг, в частности по вопросам иудаики, а также посвященных Катастрофе.

Dr. Erhard Roy Wiehn, M.A., Professor für Soziologie an der Universität Konstanz; Jahrgang 1937; Studium in München, Tübingen und in den U.S.A.; 1971/72 Fellow des Netherlands Institute for Advanced Study in the Humanities and Social Sciences in Wassenaar; verschiedentlich Sprecher der Fachgruppe Soziologie, 1983/84 und 1990/91 Dekan der Sozialwissenschaftlichen Fakultät der Universität Konstanz; Beauftragter der Universität Konstanz für die Zusammenarbeit mit der Tel Aviv University, der Hochschule für Volkswirtschaft Kiew und der Universität Kiew; zahlreiche Veröffentlichungen, insbesondere zur Schoáh und Judaica.

Dr. Erhard Roy Wiehn, M.A., Professor of Sociology, University of Konstanz, Germany; born in 1937; Studied in Munich, Tübingen and the U.S.A.; 1971/72 Fellow of the Netherlands Institute for Advanced Study in the Humanities and Social Sciences in Wassenaar; several times Chairman of the Department of Sociology, 1983/84 and 1990/91 Dean of the Faculty of Social Sciences of the University of Konstanz; Commissioner of the University of Konstanz for Cooperation with Tel Aviv University, with Kiev Institute of Economics and the Kiev University; numerous publications, particulary about Shoáh and Judaica.

ФОТОВЫСТАВКИ

1987	– Областной фотоконкурс в Киеве (Украина)	1-й приз
	– Выставка «ФОТОПОРТРЕТ» в Донецке (Украина)	
1989	– Республиканская фотовыставка в Киеве	
	– IV фотовыставка «ХУДОЖЕСТВЕННЫЙ ПОРТРЕТ» в Запорожье (Украина)	
	– Телевизионный конкурс «Я ЛЮБЛЮ ТЕБЯ, ЖИЗНЬ» в Москве	2-й приз
	– Фотовыставка, посвященная 150-летию открытия фотографии в Москве	
1990	– 1-й Международный Фестиваль фотографии в Москве	1-й приз
1991	– 58-я Международная фотовыставка в Вилмингтоне (США)	Почетная лента
	– Персональная фотовыставка в Черновцах (Украина)	
	– Персональная фотовыставка в Киеве (Украина)	
	– 74-й фотосалон в Абердине (Шотландия) (FIAP № 91/48)	
	– 42-й фотосалон в Сингапуре (FIAP № 91/46)	
	– 4-я Международная фотовыставка в Тель-Авиве (Израиль)	
	– Всесоюзная фотовыставка «ИСКУССТВО ФОТОГРАФИИ» в Москве	3-й приз
	– Фотофорум в Ружемброке (Чехо-Словакия) (FIAP № 91/82)	
	– Фотоконкурс "SOS-Украина" в Киеве	Поощрительный приз
	– 46-й Международный салон в Гонконге	
	– Персональная фотовыставка в Констанце (Германия)	
	– VIGEX — Международный фотосалон в Гулонге и Мельбурне (Австралия) (FIAP № 91/52)	
	– 97-я Международная выставка в Эпсом, Сюррей (Великобритания) (FIAP № 91/45)	
1992	– Персональная фотовыставка в Берлине (Германия)	
	– Персональная фотовыставка в Чикаго (США)	
	– Фотосалон в Саутхемптоне (Великобритания) (FIAP № 92/35)	
	– Всесоюзный фотоконкурс в Москве	2-й приз
	– 21-й фотосалон в Куала-Лампур (Малайзия) (FIAP № 92/28)	
	– 130-я Эдинбургская международная фотовыставка (Шотландия) (FIAP № 92/82)	
	– 33-й международный фотосалон в Гонконге (FIAP № 92/84)	
	– Фотофорум в Ружемброке (Чехо-Словакия) (FIAP № 92/87)	
	– 17-й Международный салон в Сингапуре (FIAP № 92/55)	

FOTOAUSSTELLUNGEN

1987: – Gebietspreisausschreibung in Kiew (Ukraine)   1.Preis
– Ausstellung FOTOPORTRÄT in Donezk (Ukraine)

1989: – Allukrainische Ausstellung in Kiew (Ukraine)
– IV. Fotoporträt-Ausstellung ZEITGENOSSE in Saporoshje (Ukraine)
– Fernseh-Preisausschreiben "MEIN LEBEN, ICH HAB' DICH GERN" in Moskau   2.Preis
– Ausstellung zum 150. Jahrestag der Fotografie in Moskau

1990: – 1. Internationales Festival der Fotografie in Moskau   1.Preis

1991: – 58. Internationale Ausstellung in Wilmington (USA)   H.Ribbon
– Einzelausstellung in Tschernowzy (Ukraine)
– Einzelausstellung in Kiew (Ukraine)
– 74. Fotosalon in Aberdeen (Schottland) (FIAP № 91/48)
– 42. Internationaler Fotosalon in Singapur (FIAP № 91/46)
– 4.Internationale Fotoausstellung in Tel-Aviv (Israel)
– Allunionsausstellung "DIE KUNST DER FOTOGRAFIE" in Moskau   3. Preis
– Fotoforum in Ruzomberok (Tschechoslowakei) (FIAP № 91/82)
– Preisausschreiben "SOS-Ukraine" in Kiew   Förderpreis
– 46. Internationaler Fotosalon in Hongkong
– Einzelausstellung in Konstanz (Deutschland)
– VIGEX Internationaler Fotosalon in Geelong und Melbourne (Australien) (FIAP № 91/52)
– Internationaler Salon in Epsom, Surrey (England) (FIAP № 91/45)

1992: – Einzelausstellung in Berlin (Deutschland)
– Einzelausstellung in Chikago (USA)
– 79. Internationaler Fotosalon in Southampton (England) (FIAP № 92/35)
– Allunionpreisausschreiben in Moskau   2. Preis
– 21. Fotosalon in Kuala Lumpur (Malaysia) (FIAP № 92/28)
– 130. Internationale Ausstellung in Edinburgh (Schottland) (FIAP № 92/82)
– 33. C.P.A. Internationaler Fotosalon in Hongkong (FIAP № 92/84)
– Fotoforum in Ruzomberok (Tschechoslowakei) (FIAP № 92/87)
– 17. Internationale Ausstellung in Singapur (FIAP № 92/55)

PHOTOEXHIBITIONS

1987	– Regional photo-contest in Kiev (Ukraine)	1st Prize
	– Photo-exhibition PHOTOPORTRAIT in Donetsk (Ukraine)	
1989	– All-Ukrainian photo-exhibition in Kiev (Ukraine)	
	– IV photo-exhibition of ARTISTIC PORTRAIT CONTEMPORARY in Zaporozie (Ukraine)	
	– Television photo-contest «I LOVE YOU, LIFE» in Moscow	2nd Prize
	– Photo-exhibition 150 years annivesary of Photography in Moscow	
1990	– 1st International Festival of Photography in Moscow	1st Prize
1991	– 58th International exhibition in Wilmington, (USA)	H.Ribbon
	– One-artist photo-exhibition in Chernovtsy (Ukraine)	
	– One-artist photo-exhibition in Kiev (Ukraine)	
	– 74th Photosalon in Aberdeen (Scotland) (FIAP №91/48)	
	– 42th International Photosalon in Singapor (FIAP №91/46)	
	– 4th International Photo-exhibition in Tel-Aviv (Israel)	
	– All-Union photo-exhibition "THE ART OF PHOTOGRAPHY" in Moscow (USSR)	3rd Prize
	– Fotoforum in Ruzomberok (Czecho-Slovakia) (FIAP №91/82)	
	– Photo-contest "SOS-Ukraine" in Kiev	Consolation prize
	– 46th Hong Kong International Salon	
	– One-artist photo-exhibition in Konstanz (Germany)	
	– VIGEX International Photosalon in Gulong and Melbourne (Australia) (FIAP №91/52)	
	– International Salon of Creative Photography, Epsom. Surrey (Great Britain) (FIAP №91/45)	
1992	– One-artist photo-exhibition in Berlin (Germany)	
	– One-artist photo-exhibition in Chicago (USA)	
	– 74th International Photosalon in Southampton, Great Britain (FIAP №92/35)	
	– All-Union photo-contest in Moscow	2nd Prize
	– 21th Photosalon in Kuala Lumpur (Malaysia) (FIAP № 92/28)	
	– 130th Edinburgh International Exhibition (Scotland) (FIAP №92/82)	
	– 33rd CPA International Salon in Hong Kong (FIAP №92/84)	
	– Fotoforum in Ruzomberok (Czecho-Slovakia) (FIAP №92/87)	
	– 17th International Pictorial Photography Exhibition in Singapor (FIAP №92/55)	

Schriften zur Schoáh und Judaica
verfaßt oder herausgegeben von Erhard Roy Wiehn
im Hartung-Gorre Verlag Konstanz

Erhard R. Wiehn u. Heide M. Wiehn, Dajénu - Tagebuch einer Israelreise. Konstanz 1986, 2. Auflage 1987. ISBN 3-89191-079-7

Erhard R. Wiehn, Dajénu II - Eine denkwürdige Dienstreise nach Israel. Konstanz 1988. ISBN 3-89191-186-6

Erhard R. Wiehn, Novemberpogrom 1938 - Die 'Reichskristallnacht' in den Erinnerungen jüdischer Zeitzeugen der Kehilla Kedoscha Konstanz 50 Jahre danach als Dokumentation des Gedenkens. Konstanz 1988. ISBN 3-89191-173-4

Erhard R. Wiehn (Hg.), Judenfeindschaft - Eine öffentliche Vortragsreihe an der Universität Konstanz 1988/89. Konstanz 1989. ISBN 3-89191-272-2

Erhard R. Wiehn (Hg.), Juden in der Soziologie - Eine öffentliche Vortragsreihe an der Universität Konstanz 1989. Konstanz 1989. ISBN 3-89191-312-5

Erhard R. Wiehn (Hg.), Oktoberdeportation 1940 - Die sogenannte 'Abschiebung' der badischen und saarpfälzischen Juden in das französische Internierungslager Gurs und andere Vorstationen von Auschwitz 50 Jahre danach zum Gedenken. Konstanz 1990. ISBN 3-89191-332-X

Schmuel Brand u. Erhard R. Wiehn (Hg.): Hermann Brand, Die Tournee geht weiter - Ein jüdisches Schauspielerschicksal in Deutschland und der Schweiz 1898-1966. Konstanz 1990. ISBN 3-89191-369-9

Erhard R. Wiehn (Hg.): Louis Dreyfuss, Emigration nur ein Wort? - Ein jüdisches Überlebensschicksal in Frankreich 1933-1945. Konstanz 1991. ISBN 3-89191-399-0

Erhard R. Wiehn (Hg.), Die Schoáh von Babij Jar - Das Massaker deutscher Sonderkommandos an der jüdischen Bevölkerung von Kiew 1941 fünfzig Jahre danach zum Gedenken. Konstanz 1991. ISBN 3-89191-430-X

Erhard R. Wiehn (Hg.): Jan Wiener, Immer gegen den Strom - Ein jüdisches Überlebensschicksal aus Prag 1939-1950. Konstanz 1992. ISBN 3-89191-571-3

Erhard R. Wiehn (Hg.): Grigorijus Smoliakovas, Die Nacht die Jahre dauerte - Ein jüdisches Überlebensschicksal in Litauen 1941-1945. Konstanz 1992. ISBN 3-89191-557-8

Erhard R. Wiehn, Schriften zur Schoáh und Judaica. Konstanz 1992. ISBN 3-89191-536-5

Erhard R. Wiehn (Hg.): Dmitrij B.Peisachow, Jüdisches Leben in Kiew - Eine Fotodokumentation. Konstanz (Herbst) 1992. ISBN 3-89191-551-9

Erhard R. Wiehn (Hg.): Mirjam Korber, Deportation. Jüdische Überlebensschicksale in Rumänien 1941-1944. Konstanz (geplant).

Erhard R. Wiehn (Hg.): Aleksandr J. Najman, Jüdisches Leben in der Ukraine - Ein geschichtlicher Überblick. Konstanz (geplant).

**Zu beziehen direkt bei der Verlagsbuchhandlung Hartung-Gorre,
D-7750 Konstanz 19, Säntisblick 26, Telefon 07533-6746, Fax 5200 -
oder durch den Buchhandel**

Erhard R. Wiehn, Kaddisch - Totengebet in Polen. Reisegespräche und Zeitzeugnisse gegen Vergessen in Deutschland. Darmstadt (Verlag Darmstädter Blätter) 1984, 2. Auflage 1987. ISBN 3-87139-080-1

ЕВРЕЙСКАЯ ЖИЗНЬ В КИЕВЕ

Фотоальбом
(на русском, немецком и английском языках)

Издание выпущено при содействии
МСП "Интерпресс" (Киев)

Автор фотографий
Дмитрий Берович Пейсахов

Редактор и автор вступительной статьи
Эрхард Рой Вин
Издание выходит в авторской редакции

Переводчик с немецкого языка
Марк Абрамович Белорусец

Переводчики на английский язык
Агва К. Бохане, Саймон Кларфилд

Художники
**Ирина Евгеньевна Кравчук,
Наталия Владимировна Микитенко**

Компьютерное макетирование
Владимир Николаевич Виноградов

Ретушер
Яков Давыдович Волошин

This edition is made with the coordination of the centre "KONTUR" — economic consulting, computer systems of education, computer books, supplements in cad/cam and computer graphics.

Сдано на производство 05.10.92. Подписано в печать 07.12.92. Формат 84×108^1/16. Бумага мелованная. Гарнитура Тип Таймс. Печать офсетная. Усл.-печ. л. 21,84. Усл. кр.-отт. 21,9. Уч.-изд. л. 17,45. Зак № 2-2576. Головное предприятие республиканского производственного объединения "Полиграфкнига", 252057, Киев-57, ул. Довженко, 3.